OTTO KARMIN

ieu, le Christianisme et la Guerre mondiale

1 fr. 25

LAUSANNE
E. Peytrequin, rue Haldimand, 18
6

OTTO KARMIN

Dieu, le Christianisme
ET LA
Guerre mondiale

Esa. XXXIV, 6
I Rois XVIII, 36
Ps. CL.
I Thess V, 21

LAUSANNE
E. Peytrequin, rue Haldimand, 18
1916

CE petit volume est la réunion de quatre brochures, parues en 1914, 1915 et 1916. Les trois premières sont des conférences données dans plusieurs villes des bords du Léman. La quatrième se compose de lettres ouvertes adressées à un pasteur vaudois et de la polémique qui s'en est suivie.

Puissent ces petits écrits contribuer à l'œuvre d'assainissement intellectuel qui devra précéder toute réorganisation durable de la société humaine.

O K.

Bibliothèque de la Libre Pensée Internationale

OTTO KARMIN

L'Epée de l'Eternel est pleine de sang

(Esaïe XXXIV, 6)

Conférence faite à Lausanne le 22 octobre 1914

LAUSANNE
Rue de la Louve, 4
1914

L'Epée de l'Eternel est pleine de sang

(Lsaïe XXXIV, 6.)

Dans sa revue *Foi et Vie* du 8 septembre, M. Paul Doumergue, huguenot en vue, publiait un article de fond sur « L'Eternel des armées ». En voici le principal passage :

« Les peuples, de tous temps, ne se sont pas gênés, dès le premier jour de la guerre, pour réquisitionner, pour « incorporer » Dieu.

« L'empereur d'Allemagne, qui est le grand chapelain de son peuple, au moment où il prenait l'épée pour la cause de la toute-puissance allemande, — *Deutschland über alles* — lançait de la fenêtre de la salle des chevaliers, aux applaudissements de la foule, l'affirmation triomphale qu'« avec l'aide de Dieu, l'épée de l'Allemagne rentrerait avec honneur au fourreau ». Il donnait l'ordre à son peuple d'aller dans les églises « se mettre à genoux devant Dieu et prier qu'Il vienne au secours de l'armée ». Quelques jours après, la garde prussienne, portant à son ceinturon : *Gott mit uns*, violait le territoire de la Belgique et foulait aux pieds l'engagement de l'Allemagne au respect de la neutralité belge. Si Dieu eût été avec cette armée, ce n'aurait pu être que comme l'esclave et le vaincu que les triomphateurs romains traînaient derrière leur char, enchaîné.

« Nous ne mêlerons pas Dieu, nous, à l'horreur des batailles et nous ne verrons pas son glaive parmi les épées teintes de sang.

« Mais nous ne mettons pas Dieu, certes, hors de ces événements tragiques, hors de ces heures où se fait, pour des siècles, l'histoire du monde.

« Nous voyons Dieu *au-dessus !* »

Et, constatant que, dans la guerre actuelle, le droit et la justice sont du côté de la France, M. Doumergue affirme que Dieu — vérité, justice et amour — est avec les Français.

Nous comprenons fort bien l'indignation de M. Doumergue, malgré la faiblesse de son argumentation. Si, cependant, nous la relevons, c'est qu'elle répond à la préoccupation de beaucoup d'esprits croyants à l'heure actuelle.

En effet, comme le disait au début de la guerre un pasteur genevois bien en vue : « Dieu est horriblement compromis », ou, comme le pense M. Doumergue lui-même, — affirmant que les discours religieux du Kaiser créent des athées, — il est certain que, malgré la recrudescence de piété, les bases de la croyance sortiront profondément ébranlées de la guerre actuelle.

Rien d'étonnant à cela : Que penser d'une divinité qui permet la violation de la parole donnée, qui autorise les massacres, favorise la diffusion des épidémies, ne proteste pas contre l'incendie de ses plus belles églises et semble bénir la dévastation de ses sanctuaires ?

Ou bien (thèse de Guillaume) Dieu est consentant, il est le *alte deutsche Gott*, protecteur spécial des Hohenzollern, et alors il est responsable de tous les crimes commis à l'heure actuelle, — ou bien (thèse de Doumergue) il est un Dieu « *au-dessus* » étranger à ces événements, et alors on se demande quelle en est la signification et l'utilité morale et logique, ou, pour parler le jargon philosophique, si son existence est réellement un postulat de la raison pratique ?

Il nous semble, d'ailleurs, que la logique allemande triomphe, en ce dilemme, de l'idéologie française. S'il est un Dieu, le Kaiser a raison contre M. Doumergue. Voilà pourquoi : M. Doumergue considère la Bible comme un livre entièrement vrai, et il est convaincu que pas un passereau ne tombe à terre sans la permission divine, pas plus qu'un cheveu d'une tête humaine. (Matt. X, 29, 30.) (1) — Comment ce Dieu peut-il

(1) Nous citons toujours la version d'Ostervald, d'après la revision de 1881.

alors être « *au-dessus* » des événements actuels, du moins sans faire mentir les affirmations solennelles de son fils Jésus-Christ ?

Il est bien commode d'affirmer que Dieu n'est point dans l'horreur des batailles, ni que son glaive ne soit parmi *les épées teintes de sang.*

Certes, si cela pouvait être, il serait facile de réhabiliter Dieu. Mais les paroles auxquelles M. Doumergue lui-même fait allusion montrent que Dieu, s'il existe, est bien « dans ces événements tragiques ».

Voici, en effet, ce que disait Esaïe, fils d'Amots, Esaïe dont la prophétie sur l'homme de douleur est la princesse d'entre les prophéties messianiques :

« *Approchez, nations, pour écouter ; et vous, peuples, soyez attentifs ! Que la terre écoute, et tout ce qu'elle renferme, le monde avec tout ce qu'il produit !*

« *Car l'Eternel est irrité contre toutes les nations ; il est courroucé contre toute leur armée ; il les a vouées à l'interdit ; il les a livrées au carnage. Leurs blessés à mort seront jetés dehors ; leurs cadavres exhaleront l'infection ; les montagnes ruisselleront de leur sang. Toute l'armée des cieux se fondra ; les cieux seront roulés comme un livre, et toute leur armée tombera comme tombe la feuille de la vigne, comme la feuille morte du figuier...* **L'Epée de l'Eternel est pleine de sang.** » **(Es. XXXIV, 1-6.)**

« L'épée de l'Eternel est pleine de sang ». — Cela n'est pas seulement, en un passage unique, une métaphore hasardée : toute la Bible est là pour montrer que le Dieu d'Israël est bien le Dieu des armées, vindicatif et sanguinaire. Voici ce que ce Jahveh Zebaoth dit à Moïse (Ex. XXIII, 22, 23) : « Si tu fais tout ce que je dirai, je serai l'ennemi de tes ennemis, et l'adversaire de tes adversaires ; mon ange marchera devant toi et t'introduira au pays des Amoréens, des Héthiens, des Phéréziens, des Cananéens, des Héviens et des Jébusiens, et je les exterminerai. »

Ce même Dieu, engageant Israël à éviter l'idolâtrie, lui promet toutes sortes de bénédictions, entre autres celle-ci (Lev. XXVI, 7, 8) : « Vous poursuivrez vos ennemis, et ils tomberont devant vous par l'épée. Cinq d'entre vous en poursuivront cent, et cent d'entre vous en poursuivront dix mille, et vos ennemis tomberont devant vous par l'épée. »

Et Moïse, rappelant les lois divines, donne plus de détails sur les massacres à perpétrer (Deut. XX, 12-18) : « Si une ville ne traite pas avec toi (peuple d'Israël), mais qu'elle te fasse la guerre, alors tu l'assiégeras ; et l'Eternel, ton Dieu, la livrera entre tes mains, et tu en feras passer tous les mâles au fil de l'épée. Seulement, tu prendras pour toi les femmes, les petits enfants, le bétail et tout ce qui sera dans la ville, tout son butin. Et tu mangeras le butin de tes ennemis, que l'Eternel ton Dieu t'aura donné. Tu en feras ainsi à toutes les villes qui sont fort éloignées de toi, qui ne sont point des villes de ces nations-ci. Mais dans les villes de ces peuples que l'Eternel ton Dieu te donne en héritage, tu ne laisseras vivre rien de ce qui respire, car tu ne manqueras point de le vouer à l'interdit : les Héthiens, les Amoréens, les Cananéens, les Phéréziéns, les Héviens, les Jébusiens, comme l'Eternel ton Dieu te l'a commandé. »

Il semble bien que Moïse exprima ainsi l'opinion de Jahveh, car lorsque Saül, après sa victoire sur Amalek, avait fait passer tout le peuple au fil de l'épée, le vouant à l'interdit, et n'avait épargné que son roi Agag et son meilleur bétail pour le sacrifier à Jahveh, celui-ci en était si furieux qu'il dit à Samuel (I. Sam. XV, 11) : « Je me repens d'avoir établi Saül pour roi, car il s'est détourné de moi et n'a point exécuté mes paroles. » — Et, malgré que Saül s'humiliait, l'Eternel le rejeta, causa sa perte et le remplaça par David, un des plus abominables personnages de l'histoire, mais néanmoins jugé digne, par Dieu même, de figurer parmi les ancêtres de Jésus-Christ.

Dieu veut du sang, beaucoup de sang, il ne semble rêver qué plaies et bosses, il extermine ou fait exterminer tous ceux qui ne sont pas assez obéissants à ses ordres, et même incite à lui désobéir pour pouvoir mieux punir après, comme dans l'atroce histoire du recensement d'Israël. (2 Sam. XXIV.)

M. Doumergue nous arrêtera là, à moins qu'il ne l'ait déjà fait plus tôt, et nous dira que ce sont là des pages de l'Ancien Testament, remplacé depuis par le Nouveau Testament, ce manifeste de la Nouvelle Alliance — celle du pardon, de l'amour, de la charité — conclue grâce au sacrifice volontaire de Jésus-Christ, fils de Jahveh Zebaoth.

Admettons — sans le concéder — que ce Jésus soit un personnage historique et que sa généalogie mystique du côté paternel soit aussi véridique que ses deux généalogies naturelles du côté maternel ; admettons qu'il ait réellement prononcé ce qu'on a appelé la synthèse du christianisme, c'est-à-dire le sermon sur la montagne : nous y trouverons une affirmation extrêmement importante de la part de quelqu'un particulièrement à même de connaître la nature de Dieu, puisqu'il en participait à un degré qui, selon certains commentateurs, allait jusqu'au cent pour cent.

« Soyez parfaits, dit-il, comme votre Père, qui est dans les cieux est parfait. » (Matt. V, 48.)

Nous avons vu quelle était la « perfection » de ce « Père aux cieux », divinité vindicative, jalouse, injuste, meurtrière et sadique. Et, certes, l'invitation à l'imiter ressemble bien plus à une provocation à l'assassinat qu'à un appel à la charité.

On nous opposera probablement le fameux

texte : « Aimez vos ennemis, bénissez ceux qui vous maudissent ; faites du bien à ceux qui vous haïssent et priez pour ceux qui vous outragent.» (Matt. V, 44.) Mais on oublie que le même Jésus, en envoyant ses douze apôtres, leur prescrivit que partout où l'on ne les recevrait pas dans une maison ou dans une ville, et où l'on n'écouterait pas leurs paroles, ils devaient en sortir en secouant la poussière de leurs pieds. Et il ajouta : Je vous dis en vérité que le sort de Sodome et de Gomorrhe sera plus supportable au jour du jugement que celui de cette ville-là. » (Matt. X, 15.)

Et l'apôtre Paul, le même qui écrivit aux Corinthiens que de toutes les choses la charité était la plus grande (I. Cor. XIII, 13), l'apôtre Paul en fit l'application suivante : « Si ton ennemi a faim, donne-lui à manger ; s'il a soif, donne-lui à boire ; car, en faisant cela, tu lui amasseras des charbons de feu sur la tête. Ne vous vengez pas vous-mêmes, mais laissez faire la colère divine.» (Rom. XII, 20, 19.)

Cette suprême immoralité qui consiste à préparer une vengeance terrible en ayant l'air de faire du bien, cette hypocrisie sanguinaire concorde admirablement avec cette autre prescription de l'apôtre Paul, relative à l'obéissance due aux autorités : « Que toute personne soit soumise aux puissances supérieures ; car il n'y a point de puissance qui ne vienne de Dieu, et les puissances qui subsistent ont été établies de Dieu. C'est pourquoi celui qui s'oppose à la puissance s'oppose à l'ordre que Dieu a établi; or, ceux qui s'y opposent attireront la condamnation sur eux-mêmes. Car ceux qui gouvernent ne sont pas à craindre lorsqu'on fait de bonnes actions, mais seulement lorsqu'on en fait de mauvaises. Veux-tu donc ne pas craindre les puissances ? Fais le bien et tu en seras loué. Car le prince est le ministre de Dieu pour ton bien. Mais si tu fais le mal, crains, car il ne porte pas l'épée en vain ; parce qu'il est ministre de Dieu, pour faire justice en punissant celui qui fait le mal. C'est pourquoi il est nécessaire d'être soumis, non seulement à cause de la punition, mais aussi à cause de la conscience. » (Rom. XIII, 1-5.) — Or, ces prescriptions ont été données aux Romains en l'an 58 ou 59, c'est-à-dire sous le règne abominable de Néron, alors déjà assassin de son cousin Britannicus et de sa propre mère Agrippine; après les règnes non moins abominables de Caligula, tyran sanguinaire et qui ordonna d'élire son cheval consul de Rome (encore une puissance venue de Dieu ?); après le règne de Claude, imbécile sous tutelle de quelques canailles et de plusieurs femmes de mauvaise vie, dont la fameuse Messaline.

Cette obéissance passive aux autorités quelles qu'elles soient implique évidemment l'obligation du service militaire, le massacre commandé, le serait-il en violation du traité le plus sacré.

Nous savons bien que le Christ a dit à Pierre, qui avait coupé l'oreille à un valet du souverain sacrificateur : « Remets ton épée dans le fourreau » (Jean XVIII, 11) et qu'il guérit cette oreille sur place (Luc XXII, 51). Cela, d'ailleurs, n'empêcha pas les agents du sanhédrin de l'arrêter, convaincus probablement que, même en présence d'un miracle, il faut obéir à une autorité, fût-elle sacrilège.

Mais nous savons aussi que le même Christ a dit : « Ne pensez pas que je sois venu apporter la paix sur la terre ; je suis venu apporter non la paix, mais l'épée. » (Matt. X, 34.)

Et cette épée n'a pas seulement une signification morale, quoi qu'on ait dit. Le bon Dieu de la Nouvelle Alliance entend bien, comme celui de l'Ancienne Alliance, exterminer tous ceux qui n'adhéreraient pas à ses volontés. — Y a-t-il tableau plus effrayant que celui des malheurs prédits par saint Jean dans son Apocalypse, écrit qui, d'ailleurs, a le mérite d'avoir rendu fous plus de personnes que n'importe quel autre livre du monde.

On connaît le récit du « livre scellé des sept sceaux » et de l'Agneau, — c'est-à-dire de Jésus-Christ — qui est seul digne de l'ouvrir. (Apoc. V.) Nous en rappellerons cependant quelques passages :

« Lorsque l'Agneau eut ouvert le second sceau... il sortit un autre cheval couleur de feu ; et celui qui le montait reçut le pouvoir de bannir la paix de la terre, et de faire que les hommes se tuassent les uns les autres ; et on lui donna une grande épée. » (Apoc. VI, 3, 4.)

« ... Et quand l'Agneau eut ouvert le quatrième sceau... je regardai, et voici un cheval de couleur livide ; et celui qui était monté dessus se nommait la Mort, et l'Enfer marchait à sa suite ; et le pouvoir leur fut donné sur la quatrième partie de la terre, pour faire mourir les hommes par l'épée, par la famine, par la mortalité et par les bêtes sauvages de la terre. » (Ibid. 7, 8.)

... Après l'ouverture du sixième sceau, il se produit un tremblement de terre si violent que « toutes les montagnes et les îles furent ôtées de leurs places » (ibid. 15), ce qui certainement ne dut pas se faire sans la mort de nombreuses victimes.

On sait que l'ouverture du septième sceau est suivie encore de septuples horreurs, provoquées par le son de sept trompettes. (Ibid. VIII, IX.)

Au son de la première, un tiers de toute la végétation terrestre est anéanti.

Au son de la seconde, un tiers de la mer est changé en sang, et les poissons y meurent, comme les hommes qui y naviguent.

Au son de la troisième, un tiers des eaux de la terre est rendu empoisonné et « un grand nombre d'hommes moururent par les eaux devenues amères ».

Le son de la quatrième trompette ne provoque que la diminution lumineuse d'un tiers du soleil, de la lune et des étoiles.

En revanche, au son de la cinquième trompette, naissent des sauterelles semblables à des scorpions « et il leur fut donné, non de tuer les hommes, mais de les torturer » d'une manière si horrible qu'ils « désireront mourir, mais que la mort les fuira ».

Le son de la sixième trompette provoque la mort de la troisième partie de l'humanité par le feu, la fumée et le soufre sortant de la bouche de chevaux à têtes de lion.

Il est à noter que, toujours d'après saint Jean, « le reste des hommes qui ne furent pas tués par ces plaies ne se repentirent point des œuvres de leurs mains, pour cesser d'adorer les démons et les idoles d'or, d'argent, d'airain, de pierre et de bois, qui ne peuvent ni voir, ni entendre, ni marcher. Ils ne se repentirent pas, non plus, de leurs meurtres, ni de leurs enchantements, ni de leurs impudicités, ni de leurs rapines. » (Ibid. IX, 20, 21.)

Nous ne continuerons pas le récit des faits consécutifs au son de la septième trompette, ni celui de la chute sanglante de Babylone, qui signifie Rome, à moins que ce ne soit Jérusalem ou Constantinople.

Si nous nous sommes arrêtés quelque peu à ces élucubrations folles, c'est pour montrer que le sadisme est non seulement conciliable avec l'enseignement chrétien, — l'histoire de l'Inquisition et des guerres de religion nous en aurait fourni des exemples plus rapprochés de nous, — mais encore que cet enseignement lui-même en est profondément entaché, tant dans l'Ancien que dans le Nouveau Testament.

On a beau prétendre que ces châtiments effroyables ont pour but l'amendement des pécheurs. Mais, pour cela, ils sont hors proportions avec les délits et ils ressemblent trop aux supplices capitaux infligés à des criminels « pour leur apprendre à vivre ».

Et puis, il ne faut pas oublier que ces pécheurs exterminés sont, malgré tout, les créatures de Dieu.

Nous ne voulons pas, cette fois-ci, discuter la question de savoir pourquoi Dieu a créé un monde qu'il savait d'avance devoir lui déplaire et qui, même en étant le meilleur de tous les mondes possibles — qu'auraient été les autres ? — aurait parfaitement pu rester dans le néant dont Dieu a trouvé bon de le tirer, et dont au début il s'est déclaré hautement satisfait.

Abandonnons les régions de la spéculation théologique et revenons à nos deux théologiens, l'un casqué et l'autre inerme. Quoi qu'en dise M. Doumergue, c'est le suprême évêque de Prusse, Guillaume de Hohenzollern, qui a raison en proclamant l'alliance intime de Dieu avec les uhlans allemands, avec les canons de 420, avec les fils de fer, traversés de courant électrique, avec l'incendie des villes, avec le massacre de femmes et d'enfants par des bombes lancées sur des cités à 200 kilomètres des champs de bataille. — Dieu lui-même, quoique à l'aide de moyens moins compliqués, se vante d'avoir fait des choses identiques.

Il y a mieux. La conception que la force prime le droit est également d'essence biblique : ainsi le long discours de Javeh au pauvre Job, qu'il avait dépouillé de tout et cruellement frappé pour gagner un pari contre Satan ; tout ce discours ne roule que sur cette pensée : Je suis tout-puissant, tu ne peux rien contre moi ; je suis sage, tu ne comprends rien ; supporte les maux que je t'envoie et tais-toi !

Certes, nous n'oublions pas que les Français ont des cuirassiers, des canons de 75, des fils de fer traversés de courant électrique et que leurs Turcos ne sont pas précisément de petits saints. La France, elle aussi, a une culture guerrière et si elle a tout fait pour éviter la guerre actuelle, il est certain que longtemps, trop longtemps, elle a joué avec l'idée de la revanche.

Mais il convient d'ajouter qu'en France, comme en Allemagne, l'idée guerrière a trouvé ses plus chauds partisans parmi les cléricaux et parmi les protestants orthodoxes, là où ils étaient en majorité. Rien d'étonnant à cela : Les idées de la Bible, tombant sur un terrain susceptible d'en développer plutôt les nombreuses incitations au meurtre que les rares invitations à la paix, ont nécessairement produit la récolte sanglante d'aujourd'hui.

Du côté allemand, cette pensée guerrière était encore favorisée par l'idée d'un Dieu spécial allemand, et par celle, correspondante, du peuple élu. C'est cela qui explique le souverain mépris de la parole donnée, le cynique aveu des abominations commises. Quand on se sent l'instrument de la volonté divine, il n'y a plus de loi humaine à respecter. Tant que la France croyait encore aux *gesta Dei per Francos,* elle se conduisait de la même manière que le fait aujourd'hui l'Allemagne adoratrice du *alter deutscher Gott.* Et cette folie furieuse d'infaillibilité et de destruction est si grave que même des esprits critiques et réfractaires à l'idée religieuse en temps ordinaire se sont, en Allemagne, laissé prendre par cette psychose et raisonnent (ou déraisonnent) aujourd'hui comme le plus abruti des pasteurs de campagne poméraniens.

La conception d'un « Dieu allemand » montre d'ailleurs la faillite complète de l'idée monothéiste parmi la grande masse chrétienne. Dieu est resté pour l'immense majorité une divinité de tribu ou de nation, tel le Jahveh Zebaoth des Hébreux. Il y a le *deutsche Gott,* comme il y a le Dieu « qui se souvient que la France est la fille aînée de l'Eglise », comme il y a le Dieu orthodoxe et le Dieu particulièrement chargé de la protection du ***British Empire***. — Là encore, l'idée religieuse a failli. Quinze siècles de domination du christianisme n'ont réussi à inculquer aux masses l'idée d'un Dieu unique, vraiment au-dessus des disputes politiques. — Et la fraternité humaine, pour la réalisation de laquelle le christianisme prétendait toujours posséder tous les moyens, grâce à sa conception d'un Dieu, père de tous les hommes sans distinction, cette tâche-là encore n'a pas été remplie par les Eglises.

Et qu'on ne vienne pas prétendre que l'humanité n'a pas été suffisamment saturée des enseignements du christianisme. Pour se rendre compte à quel degré cette propagande a été poussée, il suffit de lire le compte-rendu de la seule ***British and foreign Bible Society***, pour l'année 1913 :

Pendant cette année, plus d'un million de Bibles complètes, en 112 langues, ont été distribuées, plus un million et quart de Nouveaux Testaments en 111 autres langues, plus six millions et demi de parties de la Bible en 233 autres langues. La Société a dépensé pendant ce dernier exercice 275,300 Lst., soit près de 7 millions de francs, et ce n'est là qu'une (quoique la plus importante) de ces sociétés. Ces recettes ne sont cependant encore que peu de choses en comparaison des revenus payés par la plupart des Etats à différents clergés et des contributions plus ou moins volontaires données par les laïques.

En présence des horreurs de la guerre actuelle, la plupart des Eglises se sentent assez mal à leur aise et cherchent — sauf en Allemagne — à sauver au moins les apparences.

En Angleterre, les clergés proclament que le Kaiser est un affreux athée et que la guerre est une croisade, bénie par l'Eternel, contre le matérialisme allemand (1). Inutile de montrer toute l'absurdité de cette affirmation.

En France, la Fédération des Eglises protestantes « réprouve les abus de phrases pieuses dont les empires d'Allemagne et d'Autriche donnent un scandaleux exemple depuis le commencement des hostilités ; elle constate avec tristesse combien cette exploitation de Dieu risque de compromettre la religion devant la conscience moderne, et dénonce à la chrétienté toute entière le mal accompli par des pratiques qui déguisent, sous le vêtement de paroles évangéliques, la négation de la religion des prophètes de Jésus-Christ. »

Il n'y a qu'en Allemagne qu'on n'ait pas senti le danger, convaincu qu'on y est de la victoire, qui sera en même temps l'écrasement des ennemis du *alter deutscher Gott*. Aussi, c'est à Berlin que se sont trouvés trois théologiens de renom, MM. Ernst Dryander, premier prédicateur de la Cour et vice-président du Conseil ec-

(1) Cf. *The Literary Guide*, London. N. S. 220, octobre 1914, p. 151.

clésiastique supérieur, Lahusen, *Generalsuperintendent* de Berlin, et Axenfeld, directeur de la Mission berlinoise, pour répondre par un refus au pasteur Babut, de Nîmes, qui les avait invités à signer l'engagement « de bannir de leurs cœurs toute haine pour ceux qu'ils sont obligés d'appeler momentanément des ennemis et à leur faire du bien si l'occasion leur est offerte ; à employer toute l'influence dont ils peuvent disposer pour que la guerre soit conduite avec autant d'humanité que possible, pour que le vainqueur, quel qu'il soit, n'abuse pas de sa force, pour que les personnes et les droits des faibles soient respectés. »

A ces paroles très dignes et très humaines, les trois pasteurs berlinois répondirent entre autres : « Nous rejetons ces propositions parce qu'il ne doit pas y avoir la plus lointaine apparence que, d'après nous, on ait besoin, en Allemagne, d'un avertissement ou d'un effort quelconque pour que la guerre soit conduite en accord avec ses principes chrétiens et suivant les exigences de la miséricorde et de l'humanité. » — Et dire que cette réponse est datée du 15 septembre, après les horreurs commises en Belgique par les troupes allemandes ! On serait tenté de croire à une bravade, si le silence complet parmi les ecclésiastiques allemands, catholiques et protestants, orthodoxes ou libéraux, dont aucun n'a protesté contre la violation de la neutralité belge, n'était la preuve que l'opinion des trois ecclésiastiques berlinois est bien la conviction générale.

Et, en Suisse, comment les milieux croyants s'adaptent-ils à cette guerre ?

Il y a les simples (soyons polis) qui voient dans les événements de chaque jour l'accomplissement évident d'une prophétie de Daniel ou d'un autre prophète. Ils oublient que, depuis quinze siècles au moins, tous les événements graves et toutes les catastrophes ont été interprétées de la même manière et que le règne de mille ans ne s'est pas encore réalisé. Pas de grande bataille qui n'ait été identifiée avec celle d'Armageddon ; pas de tremblement de terre qu'on n'ait pris pour celui du sixième sceau apocalyptique.

Ces interprètes, qui tournent leur texte mieux que le plus subtil des cabalistes et qui permutent, avec la plus grande aisance, les noms, les chiffres et les faits eux-mêmes, ces théologiens — de nos jours presque tous des amateurs — ne se rendent pas compte combien plus odieux encore serait leur Dieu si toutes les horreurs actuelles ne se passaient pas seulement avec le consentement de Dieu, mais même auraient été organisées par lui, supposition inévitable, puisque, d'après eux, l'homme possède le libre arbitre et que, néanmoins, tout arrive d'une manière prédite depuis de nombreux siècles.

D'autres théologiens suisses (et étrangers) parlent d'une leçon que Dieu envoie aux hommes. Ainsi, le Consistoire de l'Eglise protestante de Genève, lors de son mandement du Jeûne fédéral, publiait ce qui suit :

« Une humanité éprise de jouissance, insatiable à réclamer plus de satisfactions pour les instincts et pour les intérêts, incapable de se discipliner elle-même, se trouve subitement appelée aux renoncements et aux sacrifices, auxquels elle ne savait plus consentir, et se lamente sans consolation parce qu'elle souffre et qu'elle désespère. Pauvres hommes qui ont cherché le bonheur dans la dissipation et la licence, et qui apprennent à leurs dépens la dure leçon des abstinences et des dépouillements ! N'est-ce pas aussi notre situation ? »

L'éruption du Mont-Pelé, le tremblement de terre de Messine, la perte du « Titanic », la guerre des Balkans n'ont donc pas encore suffi à « notre Père qui est aux cieux » pour ramener les hommes dans la voie de la piété. Plutôt que de manifester sa volonté d'une manière non équivoque et évidente pour tous, il préfère se cacher au-dessus des nuages et faire tuer des millions d'hommes, chasser d'autres millions de leurs foyers, accumuler les ruines, élever des charniers pestilentiels, laisser périr tous les sentiments nobles et généreux auxquels la paix armée avait encore laissé une certaine possibilité de s'épanouir !

D'autres croyants encore (et le Conseil d'Etat

du canton de Vaud est de ce nombre) se réjouissent surtout de ce que « la petite Suisse ne subit pas le contre-coup de ces bouleversements actuels» et proclament que les Suisses sont « chargés d'une mission providentielle » pour laquelle Dieu leur accorde la paix.

Nous avons parlé plus haut de la mentalité du « peuple élu » chez les Allemands, mais certains Suisses n'en semblent pas davantage exempts. Quoiqu'ils ne possèdent pas des canons de 420, ils sont très sûrs de leur supériorité sur tous les autres par laquelle ils ont mérité cette grâce spéciale. Ou bien ne serait-ce que par hasard que Dieu choisit la Suisse pour la préserver des horreurs de la guerre ? Ce serait heureux pour elle, mais — pays pour pays — Dieu n'aurait-il avantageusement pu épargner plutôt 40 millions de Français, ou 70 millions d'Allemands, ou 100 millions de Russes, plutôt que de favoriser nos pauvres 3 millions et demi de Suisses ?

Quoi qu'il en soit, comme l'a dit Esaïe, fils d'Amots, *l'épée de l'Eternel est pleine de sang*, du sang, non seulement de guerriers, mais du sang de femmes et d'enfants. Et Dieu est censé s'en rendre compte, et il n'intervient point; on le dit tout-puissant et il n'empêche pas les horreurs qui se commettent à chaque heure ; on le dit la bonté même, et il n'a pas un geste pour arrêter les massacres ; on le dit omniscient, et il n'a rien fait pour les prévenir.

La seule excuse de Dieu est qu'il n'existe pas! Car, s'il existait, aucun blasphème ne serait adéquat à son infamie, aucun anathème ne serait assez fort contre son abjection ! En comparaison du créateur de ce monde et des malheurs qu'il abrite, le plus scélérat des criminels devra être considéré comme un être hautement moral. Car s'il existait, ce « bon » Dieu, et quels que soient les faux-fuyants dont il se laisserait draper par ses apologistes, ce serait *lui* la cause consciente de tout ce qui arrive, ce serait *lui* qui l'aurait fait ou qui l'aurait rendu possible ; ce serait *lui* l'assassin, *lui* l'incendiaire, *lui* le violeur, *lui* le voleur, — non une fois, non sept fois, mais mille fois, à chaque heure.

Mais il n'existe pas, et cela vaut mieux ainsi. L'humanité, quoique difficilement, pourra ainsi échapper à son fantôme. Elle pourra extirper les semences d'orgueil vis-à-vis des égaux et de bassesse vis-à-vis des supérieurs, qu'on lui a inculquées en son nom ; elle pourra dompter le sadisme, qui a grandi d'après son exemple ; elle pourra fuir le vice et rechercher la vertu, non pour éviter des peines et pour rechercher des récompenses, mais parce qu'elle le jugera ainsi conforme à la morale.

Il faut que l'idée même d'un Dieu personnel soit anéantie pour que l'homme puisse enfin s'épanouir en liberté et en fraternité.

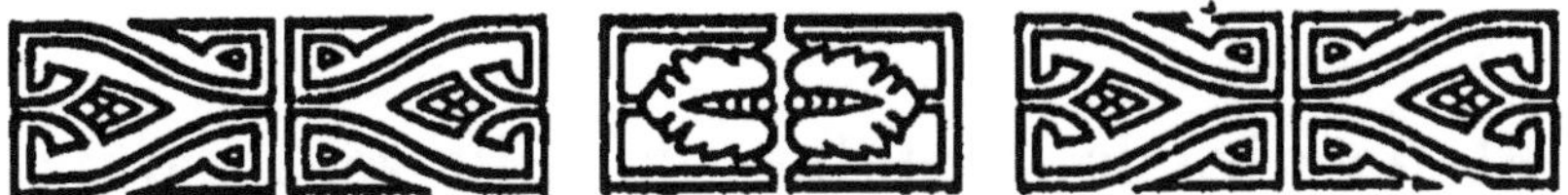

Qu'on connaisse aujourd'hui que tu es Dieu !

Nous voilà au septième mois de la guerre.

Qu'on aille des côtes de la Manche aux rives de la Vistule, des plaines de la Save aux sommets du Caucase, des Pyramides aux îles de la Baltique, de la Mésopotamie au Cap des Tempêtes, des mers de la Chine au détroit de Magellan : le sang y coule, la mort y fait sa récolte.

Ce n'est plus la mort presque modeste d'autrefois, celle qui pour une bataille importante se contentait de quelques milliers de vies humaines. Elle est devenue plus exigeante : c'est par dizaines de milles qu'elle en réclame pour la possession de quelques villages, et elle happe sa proie à travers tous les éléments. Elle rampe sous terre dans les tranchées, elle fend l'air comme un oiseau, elle s'embusque au fond de l'océan. Nul élément qui ne la serve ; nul endroit où elle ne soit redoutable ; nul moment où l'on ne risque de la voir apparaître.

Et ce ne sont pas seulement les guerriers qu'elle frappe, mais aussi les non combattants.

Et que dire de centaines de mille veuves qui attendent encore anxieusement le retour de leurs maris où qui déjà ne l'attendent plus ; des millions d'orphelins qu'un matin on a habillés de noir ; des millions de mères qui pleurent.

Et ceux qui souffrent de froid, de faim, d'abandon, ceux qui errent à la recherche d'un abri ou d'une bouchée de pain ;

Et ceux qui échappent à la mort, mais seulement en lui abandonnant qui un bras, qui une jambe, qui les yeux, et qui traîneront désormais une existence de douleur et de misère ;

Et ceux qui souffrent et ne peuvent mourir, et ceux qui meurent et qui voudraient vivre, et ceux qui gémissent, et ceux qui hurlent, et ceux qui pleurent.....

Ils passent devant nous en un cortège lugubre et interminable.

Et sur ces millions qui passent, combien ne lèvent pas vers le ciel des mains jointes, combien n'implorent pas la divinité pour venir à leur secours, pour sécher leurs larmes, pour mettre fin au carnage, pour enchaîner la mort et la misère..... Les temples, les églises, les chapelles regorgent de monde ; avec une ferveur inaccoutumée les prières s'élèvent, invoquant l'Eternel, le Père céleste, le bon Dieu, Celui qui créa les cieux et la terre et qui s'en déclara satisfait.

Mais Lui, sans le consentement duquel pas un

passereau n'est censé tomber d'un toit, ni un cheveu d'une tête[1]) ; Lui qu'on affirme avoir conduit Israël à travers la Mer Rouge ; avoir frappé Nabuchodonosor, avoir tracé aux yeux de Balthasar en écriture de feu son *Méné, thekel, upharsin ;* Lui, le Dieu de la bonté, de la miséricorde, Il reste

muet, aveugle et sourd au cri des créatures.

Les affres, les râles, les pleurs, les sanglots, rien ne semble l'émouvoir et, insensible comme les divinités dont parle Epicure, il paraît avoir oublié que ce monde de souffrances est son œuvre, et il s'en désintéresse.

Alfred de Vigny, en un temps bien moins tragique que le nôtre[2]), en présence de l'impassibilité divine, a proclamé le devoir de lui opposer le dédain ; il voulait qu'on ne réponde plus

que par un froid sil[illegible]
au silence éternel de la Divinité.

Et certes, cette attitude serait la seule logique, la seule juste, la seule digne s'il ne s'agissait que d'une divinité absente et d'une humanité malheureuse. Pourquoi, en effet, s'occuper du néant s'attaquer à l'inexistant, vouloir porter des coups à un fantôme ? Le noble chevalier de la Manche en faisant l'assaut du moulin à vent, se trouvait

[1]) Matth. X. 29, 30.
[2]) 1862.

au moins en présence d'un objet réel. Mais quelle folie que celle des libres penseurs qui veulent anéantir un dieu en l'existence duquel ils ne croient point !

Que de fois n'a-t-on opposé ce semblant d'argument aux libres penseurs ! Et, chose bizarre, il est employé par ceux-là même qui envoient des missionnaires à travers le monde pour qu'ils démontrent l'inexistence de Brahma, de Manitou ou d'Huitsli-Potsli, qui se donnent ainsi pour tâche de détruire la croyance en des êtres dont ils considèrent la supposition même comme un attentat au bon sens et à l'évidence.

Le droit qu'ont les croyants de s'opposer — et souvent par tous les moyens — à ce qu'ils croient être des atteintes à la vérité, nous autres, libres penseurs, nous le réclamons pour nous ; non en son intégrité — car la liberté d'une progagande pacifique nous suffit et nous entendons laisser à certaines Eglises la pratique du *compelle intrare*[1]) — mais nous demandons cette liberté assez complète pour que nous puissions toujours élever notre voix et proclamer notre point de vue, et cela sans être traités ni de criminels, lorsque nous attaquons des institutions établies, ni de

---

[1]) « Contrains (les) d'entrer » (Luc. XIV, 23). Parole par laquelle différentes Eglises chrétiennes justifient les moyens violents pour faire des prosélytes.

sophistes, lorsque nous combattons la croyance en des êtres imaginaires.

Certains rationalistes ont pensé que ce droit une fois concédé théoriquement, nous devrions nous en contenter et ne plus toucher à des croyances chères à beaucoup de personnes, que nous devrions attendre que l'hypothèse Dieu aille d'elle-même rejoindre celles de la manducation supérieure[1]), de l'infralapsarisme[2]) ou du supralapsarisme. Confiants, en la puissance de la raison humaine, nous devrions abandonner toute propagande parmi les hommes, et quant à Dieu, nous contenter de la certitude qu'il n'existe pas, répondant à son silence par un silence non moins absolu.

Cette manière d'envisager les choses procède d'un oubli. Le problème métaphysique n'est qu'une partie d'un problème beaucoup plus vaste, du moins en pratique. Ce Dieu que nous considérons comme inexistant est entouré de défenseurs nombreux, tels les prêtres guerriers de la Gaule s'opposant à l'entrée des bois sacrés qu'ils consi-

---

1) Concernant les effets de l'absorption de la sainte-cène.

2) Théorie affirmant que Dieu ne s'était décidé à la prédestination qu'après la chute. Cette question fut violemment débattue, au synode de Dordrecht en 1618, entre les infralapsaires et les supralapsaires, qui considéraient la prédestination comme partie intégrante du plan divin dès son début.

déraient — généralement de très bonne foi — comme l'habitation de leurs divinités.

Or, si ces druides imposaient aux Gaulois, en dehors des pratiques religieuses, certaines lois et beaucoup de sacrifices, les défenseurs actuels de la divinité veulent également exercer une influence dépassant le problème théologique.

La foi qui n'agit point est-ce une foi sincère? citent-ils avec le poète, et au nom même de leurs croyances ils prennent position vis-à-vis des problèmes extra-métaphysiques, terrestres, humains. Il serait ridicule de nier que beaucoup de bien — à côté d'encore bien plus de mal — n'ait été réalisé de cette manière; mais le libre penseur qui cherche la vérité avant toute chose et pour lequel l'utile est d'une importance secondaire en comparaison du vrai, le libre penseur considère comme son devoir principal de passer au crible de la critique toutes les hypothèses proposées à l'humanité sur le fond même des choses, et tous les arguments présentés à l'appui de ces hypothèses. C'est après seulement que la question d'opportunité se posera, subsidiairement, à son esprit[1]).

* * *

La question de l'existence de Dieu est discutée depuis le moment où la philosophie est née. Les

---

[1]) Cette attitude mentale est donc entièrement différente du pragmatisme, qui conclut de l'utilité à la vérité.

arguments pour et contre sont connus, et nous n'avons pas, en ce moment, à revoir toutes les pièces du procès. Il ne s'agit présentement que d'un fait nouveau, comme on dit en jurisprudence, mais ce fait n'est rien moins que la guerre mondiale, allumée autour de nous.

Les apologistes professionnels de la divinité ont immédiatement senti le danger que ce fait recèle pour leur système et plus d'un d'entre eux s'est efforcé de mettre d'accord cette catastrophe sans précédent avec l'existence d'un Dieu tout-puissant, omniscient et bon.

D'assez nombreuses pièces de cette littérature apologétique d'actualité sont parvenues à notre connaissance. Ayant à parler à un public en majeure partie protestant et romand, nous en avons choisi les textes chez trois pasteurs de langue française ; nous essayerons d'en analyser les thèses et de montrer en quoi elles nous semblent erronées. Les trois types choisis l'ont été de manière à représenter les différents courants du protestantisme de langue française. Nous n'avons laissé hors de notre cadre, d'une part que les théories à base prophétique, qui considèrent que la guerre a éclaté parce que Daniel ou St-Jean le Théologien l'ont prédite, et d'autre part la théorie de ceux qui considèrent que Dien n'est pas tout-puissant, et qui rééditent ainsi l'hérésie manichéenne sans posséder, comme elle, l'excellente hypothèse auxiliaire d'une puissance mauvaise personnelle, également éternelle et aussi puissante que la bonne.

Les trois théologiens dont nous allons étudier l'argumentation sont :

M. Georges Fulliquet, professeur à l'Université et pasteur à Genève [1]);

M. Alexandre Westphal, professeur honoraire de l'Université de France et pasteur à Lausanne [2]);

M. Frank Thomas, professeur à la Faculté libre de théologie et pasteur à Genève [3]).

Leurs points de vue, quant au fond de la question en cause, sont très ressemblants, si ressemblants même que nous pouvons les condenser en un seul tableau.

« Dieu ne veut pas de guerre » (FULLIQUET, p. 19).

« Non, mille fois non, nous le répéterons jusqu'à notre dernier soupir, Dieu n'a jamais voulu cette guerre. S'il l'avait voulue, il ne serait plus Dieu, ce serait un démiurge, pour ne pas dire un démon, auquel tout honnête homme devrait à son tour déclarer la guerre pour en finir avec lui. » (THOMAS, *Cause*, p. 226.)

---

[1]) *Dieu et la guerre*, Genève, Jeheber.

[2]) *Le Dieu des Armées*, Lausanne, La Concorde.
Le silence de Dieu, » »

[3]) *D'où est venue la guerre*, Genève, Jeheber.
La cause profonde de la guerre, Genève, Jeheber.

Mais s'il ne veut pas la guerre, «comment se fait-il que Dieu n'intervienne pas, n'empêche pas ?» (WESTPHAL, *Silence* p. 3.)

C'est que cette guerre «était nécessaire, non pas parce que Dieu la voulait, mais comme conséquence de l'état du monde». (THOMAS, *Guerre* p. 210.) «Etant donné l'état dans lequel se trouvait l'Europe et la façon dont la loi divine avait été foulée aux pieds, la guerre était devenue inévitable; elle était la conséquence logique, fatale, de cet état de choses, et probablement le seul moyen d'en sortir.» (*Ibid.* p. 219.) En effet, cette guerre était devenue nécessaire pour rétablir l'équilibre, le vrai, le solide, non pas l'équilibre instable de la politique malhonnête de l'Europe d'hier.» (*Ibid.* p. 220.)

Cette théorie est non seulement compatible avec l'idée de Dieu et en particulier avec celle du Dieu chrétien, elle en est même la conséquence inéluctable. Dieu est un père. Or «qui dit père, dit surtout, dit essentiellement éducateur. Voilà ce que Dieu nous réserve: une éducation.» (FULLIQUET, p. 4.) «Ce que Dieu veut et ce qu'il obtient, c'est que l'homme devienne librement moral et librement religieux.» (*Ibid* p. 7.) «Et pour respecter cette liberté si importante, si précieuse et si dangereuse, Dieu avertit l'homme, le prévient par le sentiment d'obligation morale au moment où il est sur le point de céder à un entraînement, à une séduction, à une tentation. » (*Ibid.* p. 4.) « L'homme est averti, donc il est responsable. En lui venant intérieurement en aide, Dieu lui rend le plus signalé service, mais en même temps le rend plus coupable en cas de chute. » (*Ibid.* p. 5.)

Même si l'homme commet le mal expressément condamné par Dieu, celui-ci « n'est pas ensuite complètement désarmé : il a deux moyens d'intervention efficace » (*Ibid.*) : le remords, « et si cet avertissement intérieur ne suffit pas, Dieu fait appel à la souffrance, à la douleur. » (*Ibid.*)

Le but de Dieu, « c'est précisément que l'homme soit fait à son image : un être qui se crée lui-même et qui puisse dire, au jour de sa maturité : ce que j'ai voulu être, je le suis. Cette personnalité, c'est le couronnement de l'évolution de toute la nature, c'est l'objet du respect et de la direction de Dieu ! » (WESTPHAL, *Silence*, p. 9.)

Et l'attitude divine pourrait-elle être « autrement à l'égard des collectivités, des peuples, de lhumanité, ? » (FULLIQUET, p. 7). Aussi Dieu permet-il la guerre « pour en dégoûter l'humanité, pour provoquer la répudiation des dispositions animales ancestrales, pour détruire à jamais la foi en la force, la volonté de violence, la haine impie et meurtrière. » (*Ibid.* p. 13.)

Nous nous sommes efforcé de rendre aussi objectivement que possible, et avec les paroles même des auteurs, la thèse apologétique.

Examinons-la maintenant point par point.

« *Dieu ne veut pas la guerre.* » — Nous avons toujours eu une profonde envie de l'assurance avec laquelle la plupart des théologiens font leurs affirmations. Ils ont beau se baser sur un livre dont il n'existe pas une ligne sans plusieurs variantes ; dont chaque mot n'ait été l'objet des interprétations les plus disparates de la part d'esprits très distingués ; ils ont beau se rendre compte que pour l'accepter dans sa totalité il faut en venir au *credo quia absurdum* de Tertullien [1]) et avoir été gratifié par la grâce divine de la folie de la croix ; ils ont beau considérer eux-mêmes maint passage comme interpolation, maint autre comme symptôme d'une mentalité rudimentaire — après avoir démoli ce livre en détail, ils le ressuscitent en bloc, se prosternent devant lui et en tirent des réponses toutes faites aux problèmes les plus subtils et les plus difficultueux.

Dieu ne veut pas la guerre, disent-ils, comme s'ils avaient pris part aux délibérations de la

---

[1]) Saint Augustin a suffisamment d'extravagances à son passif, pour qu'on ne le charge pas encore de celle-ci, comme cela se fait couramment. Le passage auquel on fait allusion se trouve dans l'écrit de Tertullien *De carne Christi*. V. On y lit : « Le fils de Dieu est mort ; c'est croyable parce que c'est absurde (*quia ineptum*). Et enseveli il est ressuscité ; c'est certain parce que c'est impossible. »

Très Sainte Trinité et comme s'ils n'avaient jamais dû recourir dans leurs explications aux « voies insondables de la Providence ». Mais, au fond, de quel Dieu parlent-ils? Est-ce du El-Shaddaï des patriarches ? Du Jahveh de l'époque de la conquête, dieu suprême présidant le panthéon des divinités tribales d'Israël ? Du Jahveh, plus exclusif, de l'époque des rois, mais toujours simple concurrent d'autres Baalim ? Du Jahveh, plus général et moins anthropomorphe des Apocryphes alexandrins? Du Jahveh envoyant son fils auprès des seuls enfants d'Israël? Du Jahveh, dieu anthropomorphe de toute l'humanité ? Du Jahveh Logos de l'évangéliste Jean ? Du Jahveh à vicaire infaillible résidant à Rome? Du Jahveh, présent dans l'eucharistie, de Luther? Du Jahveh, absent de l'eucharistie, de Calvin, mais qui dès la création du monde a voué une partie des hommes à la damnation éternelle ? Du Jahveh des déistes du XVIIIme siècle? Du Jahveh de Schleiermacher ? de Canning ? des Coquerel ? Du Jahveh d'Adolphe, de Guillaume ou de Wilfred Monod ?

Il est probable que nous n'obtiendrons guère une réponse précise et que nous devrons nous contenter d'une formule assez vague, comme celle de M. Westphal qui proclame Jahveh « le Dieu vivant, qui mène les constellations comme un troupeau dans l'infini des cieux et qui tient dans sa main les forces éternelles, « les impondérables » de justice et de vérité par lesquels il travaille la conscience des hommes et attire leur liberté vers son immuable dessein d'amour. » (*Armées*, pp. 25, 26.)

Nous ne voyons point d'inconvénient à discuter sur ces bases ; nous admettrons provisoirement que Dieu, tout puissant, réalisant un immuable dessein d'amour y travaille en influençant les consciences humaines par les concepts de la vérité et de la justice, influence volontairement insuffisante à détruire leur liberté, mais suffisante à les pousser vers le bien, si.....

Nous sommes obligés de nous arrêter à ce *si*. Toute la question de la grâce y est contenue, et avec elle la valeur du sacrifice de Jésus-Christ, plus encore — toute la théologie chrétienne. Car, ne l'oublions pas, l'homme est « un pauvre pécheur, né dans la corruption, enclin au mal, incapable par lui-même de faire le bien et qui transgresse tous les jours et en plusieurs manières, les saints commandements de Dieu, en sorte qu'il attire sur lui, par le juste jugement divin, la condamnation et la mort. » Cette formule, donnée par Calvin est au fond celle de toutes les confessions chrétiennes, car toutes elles ont condamné les doctrines de Pélagius qui affirmait que la chute n'a été funeste qu'à Adam et Eve, et non à leurs descendants.

Mais nous y reviendrons bientôt à cette question de la grâce.

Contentons-nous, pour le moment, de l'affirmation que Dieu ne veut pas la guerre. *Si, cependant, elle a éclaté, c'est contre son gré, comme conséquence de l'état du monde.*

Il est toujours curieux d'observer des tendances déterministes auprès de partisans de la contingence, de voir qu'ils admettent un enchaînement rigoureux de cause à effet se produisant simultanément avec des faits soustraits à la loi de causalité et ne dépendant que de la volonté libre d'une divinité toute-puissante et omnisciente.

Mais, au fond, nos apologistes ont même abandonné cette position dogmatique et ne semblent plus affirmer que le plus petit cheveu humain soit sous la sauvegarde spéciale de Dieu. A les entendre les faits vont en s'enchaînant avec une nécessité inéluctable; la guerre, par exemple. « est la conséquence logique, fatale de l'état des choses ». (F. Thomas.) Donc tout se passe comme si Dieu n'existait pas ou — tout au plus — comme s'il avait, une fois pour toutes, établi les lois du devenir humain, dont il laisserait dès lors s'exercer, sans plus y intervenir, la puissance irrésistible. On remarquera la ressemblance très grande de cette attitude théologique avec la théorie bouddhiste du *karma*, sauf que chez les penseurs hindous la chaîne des causes et des effets est rigoureusement individuelle et se manifeste à travers les renaissances multiples du même être, tandis que les théologiens chrétiens sont censés croire que cette chaîne rattache les générations les unes aux autres : ainsi la chute continue à exercer ses ravages sur toute la postérité des premiers pécheurs, et Dieu — qui lui-même se proclame être un dieu jaloux — « punit l'iniquité des pères sur les enfants jusqu'à la troisième et à la quatrième génération » [1].

Ici une question très naturelle vient à tout homme non prévenu : à quoi bon tout ce monde, avec ses luttes, ses souffrances, ses péchés et même avec ses actions morales ? Dieu n'aurait-il pas mieux fait de le laisser dans le néant ?

Mais Dieu soi disant créa le monde pour sa gloire. — Fi du vilain égoïste ! C'est donc pour se divertir qu'il forma cette pauvre et petite humanité, « cette poussière de vie, si menue et si tourmentée, qui grouille sur ce grain de sable perdu dans la poussière des mondes, ce misérable troupeau d'hommes, décimé par les maladies, écrasé par les avalanches, secoué et affolé par les tremblements de terre » [2].

Non, répliquent d'autres. Dieu créa l'homme pour que celui-ci réalise un idéal de perfection,

---

[1]) Exode XX. 5,6

[2]) Guy de Maupassant. *Blanc et bleu.*

pour que — sortant peu à peu de l'animalité ancestrale — il évolue vers la piété, vers la justice et vers la bonté, s'approchant ainsi toujours plus de la divinité qui l'a créé.

Cette explication, pour avoir un aspect plus moral, n'en est pas meilleure. Qu'on adopte les rêveries de Plotin et qu'on considère l'évolution comme la branche ascendante de l'échelle des êtres, ou qu'on admette chrétiennement le récit de la chute et que l'évolution commence par les enfants d'Adam et Eve ; ou qu'on essaie de rattacher la théorie évolutioniste à l'idée déiste sans couleur confessionnelle — toujours est-il que la divinité ne peut faire valoir aucune raison acceptable pour avoir créé le monde, nécessairement moins parfait que dieu (à en croire les théologiens) et qui au gré du créateur lui-même devait réaliser une déchéance. L'être parfait a donc voulu une imperfection — ce qui est contraire à la définition de la perfection même. En d'autres termes, la croyance qu'un Dieu parfait a pu créer un monde imparfait (n'en déplaise à Leibniz) est une absurdité.

Mais admettons pour un moment cette absurdité comme étant donnée. Comment se fait il que depuis l'infinité du temps dans le passé, Dieu n'ait pas encore réalisé son but ? Ou bien recommence-t-il de temps à autre ? Détruit-il un monde pour en refaire un, quelque peu différent, pour y renouveler ses expériences? Que peuvent elles apprendre à l'omniscient? Mais lui apprendraient-elles quelque chose, qu'il l'aurait obtenu par la vivisection, non de cobayes et de lapins, mais d'hommes, de femmes et d'enfants, opérés pantelants non pendant quelques heures, mais pendant des années et des années.....

Pourquoi Dieu a-t-il créé le monde? Voilà la question qu'en premier lieu devraient résoudre tous les apologistes de la divinité. Mais au lieu d'y répondre, ils préfèrent ne s'attaquer qu'à des questions de détail. Suivons-les-y, puisqu'il le faut.

En permettant la guerre, Dieu agit en éducateur. — Voilà la thèse apologétique. Il veut « en dégoûter l'humanité ». (FULLIQUET, p. 13.) C'est même en sa qualité de père, caractère mis en avant par Jésus-Christ, qu'il exerce cette fonction. Quel drôle de père que Dieu ! Un père a des fils querelleurs et violents. A chaque instant des rixes éclatent entre eux et plus d'une fois les garçons sont rentrés à la maison les têtes ensanglantées. Le père a beau leur faire des remontrances, leur infliger des punitions, ils récidivent toujours. Alors il dit : « L'éducation prime tout. Qu'une expérience plus cuisante soit faite par les méchants. » Il leur laisse les arcs et les flèches qu'ils s'étaient fabriqués eux-mêmes ; il se borne à les rendre attentifs au danger de ces instruments. Peu de temps après, les garçons sont guéris de leur violence, mais ils ont payé ce résultat pédagogique l'un d'un œil et l'autre de la mobilité d'un bras.....

Que ne dirait on d'un père pareil ? Les tribunaux, sans doute, le priveraient de la puissance paternelle — et ils feraient bien, même de l'avis des croyants les plus convaincus. Mais si Dieu agit d'une manière analogue on n'y trouve rien à objecter. Néanmoins, en faisant de la pédagogie, il semble jouer avec l'homme comme le chat avec la souris. Pour que l'homme puisse « devenir librement moral et librement religieux », Dieu ne lui rend pas impossible de faire le mal, ni de se faire du mal ; il se contente de l'avertir, et cela d'une manière insuffisante à le convaincre ou à le contraindre. Ces conseils, d'ailleurs, sont très dangereux pour lui. « L'homme est averti, donc il est responsable », nous dit M. Fulliquet, lequel ajoute aussitôt : « En lui venant intérieurement en aide, Dieu lui rend le plus signalé service, mais en même temps le rend plus coupable en cas de chute. Mais de quoi l'homme se plaindrait-il ? » (l. c. p. 5.)

De quoi l'homme se plaint ? — D'être venu au monde sans qu'on ait demandé son consentement ; de servir d'objet aux expériences pédagogiques d'une divinité qui aurait parfaitement pu ne pas le créer et qui, au dire des théologiens, en le rendant responsable de ses actes, lui ouvre la perspective de la damnation éternelle.

Encore si cette voix intérieure parlait clairement et qu'il fallût de la mauvaise volonté pour ne pas l'entendre ! Mais elle est plus décevante qu'un feu follet, et plus incertaine à suivre qu'un mirage. — Dieu lui-même s'amuse à la rendre trompeuse : « J'endurcirai le cœur de Pharaon », promet-il à Moïse[1]) et il tient sa promesse[2]). — Ce fait, chose étrange, est même invoqué par Paul pour affirmer la justice de Dieu. Il vaut la peine de rappeler ce passage[3]) : « Y a-t-il de l'injustice en Dieu. Nullement. Car il a dit à Moïse : Je ferai miséricorde à celui à qui je ferai miséricorde, et j'aurai pitié de celui de qui j'aurai pitié. Cela ne vient donc ni de celui qui veut, ni de celui qui court, mais de Dieu qui fait miséricorde. Car l'Eternel dit à Pharaon : Je t'ai suscité pour ceci, pour faire voir en toi ma puissance, et pour que mon nom soit proclamé par toute la terre. — Il fait donc miséricorde à qui il veut, et il endurcit celui qu'il veut. »

Qu'on ne réponde pas que les théories de Paul ne sont point paroles d'Evangile et que ce grand homme a pu se tromper. Mais qui alors peut espérer un résultat satisfaisant de l'éducation divine,

---

1) Exode IV, 21. VII, 3.
2) Exode X, 27. XI, 10.
3) Rom. IX, 14-18.

sinon celui auquel Jésus Christ en personne a apparu sur le chemin de Damas ? — Quelle confiance peut on avoir en la voix mystérieuse de la divinité, si ceux que Dieu semble avoir élus pour réformer son Eglise commettent les forfaits les plus abominables ? si un Zwingle pousse à la noyade des anabaptistes zurichois ; si un Luther exhorte au massacre des paysans, révoltés au nom de la Bible ; si un Calvin provoque l'exécution de Servet ; si un Mélanchthon l'en félicite et si un Théodore de Bèze se fait l'ardent défenseur de cet assassinat juridique ?

Et là, la question de la grâce intervient toujours. Dieu exhorte-t-il d'une manière égale tous les hommes à se conformer à son image ? Ou fait-il des différences ? — Si Dieu exhorte tous avec la même intensité, il ne tient pas compte de leurs différences essentielles, les uns ayant été créés plus malléables que d'autres. Une égalité de traitement serait donc une injustice suprême. Ou bien, Dieu gradue-t-il son intervention aux personnalités, alors comment se fait-il qu'elles réagissent différemment les unes des autres ? — Ou bien, veut-il d'emblée parler différemment aux uns et aux autres, alors nous arrivons à la doctrine de la prédestination que peu de pasteurs ont encore le courage d'enseigner de nos jours, tant elle est abominable. Que dire, en effet, d'un Dieu qui, en créant l'homme, le destine soit à la béatitude, soit à la souffrance éternelles et qui, du vivant de l'homme, dosera son intervention de manière à pouvoir, après, le juger conformément à son code et à son premier plan ?

Il n'est pourtant pas d'autre possibilité de résoudre ce problème, à moins de recourir au fameux mot de Jahveh : « Mes pensées ne sont pas vos pensées, et vos voies ne sont pas mes voies »[1]). Traduit en langage du Nouveau Testament cette idée s'exprime ainsi : « L'homme animal ne comprend point les choses de l'Esprit de Dieu ;..... il ne lés peut connaître, parce que c'est spirituellement qu'on en juge »[2]).

Or qu'impliquent ces paroles qui, si souvent, ont servi de dernier refuge aux apologistes mis au pied du mur ? — C'est qu'ils n'en savent pas plus long que les autres et qu'ils parlent de choses incompréhensibles par essence, si tant est qu'elles existent.

Et en effet, quelle singulière logique que celle de Dieu qui compte encore sur les effets pédagogiques de la guerre ! — Jusqu'à ce jour, les guerres sont devenues de plus en plus vastes, de plus en plus terribles et toujours l'une, en terminant, avait déjà conçu la suivante. Ce n'est pas en laissant préparer, ni surtout en laissant éclater la

---

[1]) Esaïe, LV, 8.

[2]) 1 Cor. II, 14.

guerre, qu'on prépare la paix — sinon la paix des cimetières. *Si vis pacem, para pacem.* La nature humaine est telle qu'une violence en engendre une autre. A moins d'un miracle, seule la lassitude et l'épuisement général, en rendant une longue paix — à peine armée — absolument inévitable, pourront faire disparaître peu à peu les instincts guerriers et faire assez croître les intérêts pacifiques pour que les intérêts guerriers ne puissent plus prendre le dessus sur eux. La fonction développe l'organe ; le non usage l'atrophie.

Nous venons de parler de miracle. Les apologistes protestants d'aujourd'hui ne veulent plus en entendre parler ; ils le considèrent comme contraire au plan divin qui veut que l'homme devienne « librement moral et librement religieux ». Pourtant Dieu lui-même est censé en avoir usé abondamment dans le passé, et les catholiques en croient même constater de nos jours : il est vrai que ce ne sont que de petits miracles.

Mais puisque, dans le passé, même les plus grands miracles ont laissé à l'homme la liberté de ne point y croire, nous osons demander qu'il s'en produise un — un seul — de nos jours.

Que Dieu, prenant pitié de cette misérable humanité, lui dise *clairement* sa volonté de la paix et non plus par un livre, censé inspiré par lui, dont il existe plus de pages pour exalter la guerre que pour la condamner.

Qu'il apparaisse sur les nuées et manifeste

d'une manière indubitable que les glaives doivent être transformés en socs de charrues et les bayonnettes en serpes. Moins que cela, qu'il manifeste d'une manière quelconque — pourvu qu'elle porte le cachet d'authenticité et exclue tout hasard — son mécontentement des massacres qui ravagent le monde. Qu'on renouvelle, par exemple, l'expérience tentée par le prophète Elie qui fit construire deux autels, l'un pour Jahvé, l'autre pour Baal ; qui fit placer des taureaux sur ces autels et invita les prêtres de Baal à invoquer leur dieu pour qu'il y mît le feu. Ce dieu resta sourd à leur prière, tandis que Jahveh, à celle d'Elie, mit le feu à l'holocauste qui lui était offert et prouva par là qu'il était « Dieu en Israël et qu'Elie était son serviteur »[1]).

Pourquoi ne tenterait-on pas une épreuve analogue ? Puisque la foi, dit-on, transporte des montagnes, pourquoi les prières des chrétiens ne pourraient-elles pas provoquer une manifestation indubitable de la volonté divine ? Ou bien les croyants auraient-ils peur de tenter Dieu en une chose dont dépend la vie et le bonheur de millions d'êtres ? Seraient-ils convaincus que

L'arche sainte est muette et ne rend plus d'oracles?

Craindraient ils de provoquer les apostrophes d'Elie aux prêtres de Baal, d'Elie « qui se moquait d'eux et disait : Criez à haute voix, car Baal

---

[1]) I Rois XVIII, 21-40.

est dieu ; mais il pense à quelque chose, ou il est à quelque affaire, ou en voyage ; peut-être qu'il dort, et il s'éveillera ! »[1]).

Redouteraient-ils le sort de ces prêtres tel que le rapporte la Bible : « Et Elie dit : Saisissez les prophètes de Baal ; qu'il n'en échappe pas un ! — On les saisit donc, et Elie les fit descendre au torrent de Kisson, et il les y égorgea. »[2])

Qu'ils se rassurent : la libre pensée n'a pas l'habitude de ces moyens, chers aux prophètes de l'Eternel. Elle n'userait d'aucunes représailles. Elle s'attendrait seulement à ce que les apologistes d'hier, en hommes honnêtes et loyaux, avouent qu'ils s'étaient trompés.

Qu'ils viennent alors joindre leurs efforts à ceux des rationalistes ! Qu'ils préparent avec eux les conditions nécessaires pour que l'humanité devienne vraiment libre et morale — qu'elle n'agisse plus par crainte ou par espoir de sanctions ici bas ou au-delà ; qu'elle ne cherche plus sa ligne de conduite dans de vieux grimoires si obscurs que les théories les plus contradictoires ont cru pouvoir s'en autoriser. Abandonnant les sables mouvants de la révélation, construisant sur le roc de l'expérience, que tous se joignent pour édifier ensemble la grande cité terrestre de la raison, de la justice et de la fraternité.

---

[1]) I Rois XVIII, 27.

[2]) Ibid. 40.

LOUEZ L'ETERNEL !

(Ps. CL.)

A l'heure qu'il est, et depuis bientôt vingt-et-un mois, de curieuses voix s'entre-choquent dans l'espace :

— Les pertes des assaillants ont été d'environ quatre mille morts et de dix mille blessés.

= Louez l'Eternel !

— Sur le paquebot torpillé et englouti se trouvaient douze cents femmes et enfants.

= Louez Dieu pour sa sainteté !

— La guerre s'étend à toutes les parties du monde.

= Louez-le pour cette étendue qu'a fait sa puissance.

— Parmi les réfugiés, une épidémie de typhus vient d'éclater.

= Louez-le pour ses hauts faits !

— Le choléra a tué presque tous les prisonniers rassemblés dans ce camp.

= Louez-le selon la grandeur de sa majesté!
— En avant pour l'assaut!
= Louez-le au son de la trompette!
— Feu de barrage sans interruption!
= Louez-le avec la lyre et la harpe!
— Pas de prisonniers!
= Louez-le avec les cymbales sonores!
— Un peuple est exterminé.
= Que tout ce qui respire loue l'Eternel!
— Dix millions de vies humaines ont déjà péri dans cette guerre.
= Amen!

***

Et en présence de ces voix qui s'entre-choquaient, d'autres voix s'élevèrent:

Voix de douleur, voix d'horreur, voix de supplication, voix de désespoir.

Et plus forte que toutes ces autres voix, une voix s'éleva au milieu d'elles, criant: O Dieu qu'on dit bon, qu'on dit juste, qu'on dit miséricordieux, ô Dieu, où est ta bonté, où est ta justice, où est ta miséricorde?

Et il se fit un silence.

Et puis, de mille côtés vinrent les réponses, non de Dieu, mais de la part de ceux qui font profession d'en expliquer les desseins, et il s'éleva une cacophonie d'arguments hétérogènes, contradictoires, posant cent énigmes pour répondre à une seule, qu'ils ne devinèrent d'ailleurs point, et qu'ils ne pouvaient deviner.

Et toujours la voix accusatrice s'élève de nouveau, bramant après une réponse satisfaisante et réclamant que Dieu se manifeste.

Et Dieu reste caché, et les cadavres s'amoncellent, et les ruines s'accumulent, et la guerre devient toujours plus étendue et plus sauvage...

Dieu se tait obstinément, et l'on n'entend toujours que les apologies de ses prêtres qui, frappés d'horreur en présence du désastre, rassemblent leurs derniers arguments pour la défense de leur Dieu, qu'ils avaient proclamé le père des humains et qui — depuis vingt-et-un longs mois — assiste à l'extermination de ses enfants avec une impassibilité telle, que même les croyants clairvoyants sont obligés d'admettre que tout se passe comme si Dieu n'existait pas.

***

Je parle des croyants clairvoyants, car il ne vaut pas la peine de s'expliquer avec les autres qui, dans chaque victoire des armées de leur nation prétendent voir le bras divin, favorisant les troupes respectives et inspirant à leurs généraux les meilleures idées pour anéantir le plus d'adversaires possible.

Pour ces apologistes-là, le problème même ne se pose pas. Leur conscience est tranquille et elle ne pourrait être troublée que par un revers des armes, en la mission divine desquelles ils avaient cru; et alors encore, ils découvriraient que Dieu châtie bien ceux qu'il aime bien, et que même leurs revers sont encore des bénédictions divines, prouvant l'intérêt de l'Eternel pour son peuple élu.

Cette mentalité ne date pas d'hier. — Israël, battu, persécuté, dispersé, honni depuis vingt siècles, n'a pas cessé de croire que Jahvé, le Dieu unique, est son Dieu particulier et qu'il placera son peuple à la tête des nations.

Mais les croyants qu'obnubile point une pareille folie des grandeurs se rendent bien compte qu'ils se trouvent en présence du problème le plus redoutable que leur foi pouvait rencontrer. Ils se savent obligés de découvrir l'explication pourquoi Dieu assiste impassible à la guerre mondiale, et ils sont conscients qu'un triple écueil devra être évité par eux: l'hypothèse d'un Dieu impuissant, l'hypothèse d'un Dieu mauvais, et l'hypothèse d'un Dieu inexistant.

Dans l'innombrable production apologétique de l'heure présente, nous avons choisi trois écrits: tous œuvres de pasteurs en charge, connus pour leur sérieux et pour leur savoir; écrits composés en 1915, alors que la première surprise de la guerre avait passé depuis longtemps et que les esprits avaient eu tout le temps nécessaire pour examiner de près les faits à commenter.

Les trois écrits, choisis comme particulièrement typiques, sont ceux de

M. J.-ALFRED PORRET, *Que penser de la guerre actuelle ?* [1])

M. G. HENRIOD, *Amour de Dieu et Gloire Eternelle* [2]).

M. MAURICE NEESER, *La part de Dieu à la guerre* [3]).

* **

La grande préoccupation de M. Porret a été de défendre Dieu contre l'accusation d'impuissance, tout en essayant de maintenir intégralement la conception traditionnelle de la divinité.

Voici son point de départ: « Dieu souverainement puissant, sage, juste et bon, dirige l'histoire de l'humanité conformément aux lois qu'il s'est assignées. C'est lui qui règne. Dans tous les événements contemporains, il parle d'une manière ou d'une autre » [4]).

M. Porret se propose d'examiner ce qu'un Dieu ainsi défini peut avoir à faire avec la guerre, et avec une franchise qui l'honore il annonce son intention de juger « au point de vue de l'Evangile, qui, pour le croyant, est la vérité » [5]).

[1]) Genève, H. Robert.

[2]) Neuchâtel, Delachaux & Niestlé.

[3]) Lausanne, la Concorde.

[4]) Porret. o. c. p. 3.

[5]) Ibid.

Cette affirmation d'une vérité subjective, valable seulement pour une certaine catégorie d'hommes, si elle est bien paulinienne[1]), surprend quelque peu à l'heure où l'universalité est exigée par tout le monde comme le critérium de toute hypothèse digne d'être prise en considération.

Mais M. Porret a adressé son opuscule « aux croyants ébranlés » et c'est à ceux-ci de juger si leur confiance en la Bible pourra être renforcée par des arguments tirés de ce livre même. Ce qui nous intéresse, c'est de connaître la valeur intrinsèque des idées de M. Porret.

La guerre actuelle, nous dit-il[2]), est une punition divine. L'humanité a gravement manqué à ses devoirs: les Arméniens ont été persécutés, les nègres du Congo ont été honteusement exploités et martyrisés, les stundistes russes ont été traqués — tout cela sans qu'une protestation suffisamment énergique se soit élevée de la part des nations chrétiennes. « L'Europe a foulé ses devoirs aux pieds; elle a laissé commettre contre des innocents des crimes qu'elle s'était engagée à réprimer. » Dieu a donc publié contre elle « la liberté de l'épée, de la peste et de la famine[3]) » pour châtier les hommes coupables.

M. Porret a prévu une objection. Si le péché

[1]) Cf. I Cor. II, 14.
[2]) o. c. p. 4—14.
[3]) Jérém. XXXIV, 17.

mène nécessairement à la ruine, si le châtiment est un acte de justice, comment se fait-il que Dieu « ne frappe pas seulement, ni même essentiellement, des coupables ? » — Et l'auteur ajoute que ce sujet compte à bon droit parmi les plus mystérieux de la philosophie religieuse. Il essaie néanmoins de le rendre compréhensible :

« Une loi, dit-il, régit l'humanité. Nous sommes solidaires les uns des autres, à des degrés et à des titres divers, mais tous en quelque mesure... La solidarité est un fait qui s'impose autrement, mais tout aussi fortement, que la responsabilité de nos actes. Elle est une loi de notre existence... Elle s'impose, non comme une théorie, mais comme un fait. » Et M. Porret de donner des exemples : « Les fautes du père peuvent empoisonner la vie du fils; le fils à son tour peut désoler et faire mourir son père... Louis XVI a récolté à son dam le fruit des semailles délétères faites diversement par Louis XIV et Louis XV. La solidarité éclate dans la puissance de l'éducation et de l'exemple, dans la vie des familles, dans celle des nations. Elle apparaît comme la trame générale de l'histoire. Et qu'on le remarque : elle est la condition de tout bien digne de ce nom. Sans les biens qui les unissent les uns aux autres, les hommes seraient incapables de progrès. Tout ce qui fait notre noblesse, le dévouement, la reconnaissance, la sympathie, l'amour en un mot... serait étranger à nos vies... A le bien prendre, le sort de l'humanité est résumé dans cette alternative : solidarité ou abrutissement. »

N'en déplaise à M. Porret, mais il vient de commettre à deux reprises ce que, dans le langage de l'Ecole, on nomme une *quaternio terminorum*, soit l'erreur logique qui consiste à employer dans un raisonnement un même terme dans ses significations différentes. Cela ne peut donner, naturellement, que des conclusions erronées [1]).

En effet, M. Porret se sert d'abord du mot *solidarité* pour désigner, sans appréciation morale, les relations de cause à effet entre les actions humaines. Exemple : Un père alcoolique aura souvent des enfants épileptiques ou idiots. Puis, M. Porret emploie ce terme pour constater le châtiment des innocents à la place des coupables. Exemple : Louis XVI expiant les crimes de ses prédécesseurs [2]). Enfin, après ce jugement d'ordre moral, M. Porret emploie le mot *solidarité* dans le sens d'entr'aide.

[1]) Voici l'exemple d'une *quaternio terminorum* très grossière :

Tous les renards sont quadrupèdes,
Hérode était un rénard
Hérode était un quadrupède.

[2]) On pourrait peut-être poser la question, si Louis XVI n'a pas été condamné à juste titre pour fait de haute trahison, mais ce problème n'a rien à faire avec la démonstration de M. Porret et peut sans inconvénient être ici laissée de côté.

Certes, l'entr'aide n'aurait pas de base psychologique — mieux, pas de « raison suffisante » — si la relation de cause à effet n'existait pas entre les actions humaines. Elle a, d'autre part, donné lieu à de nombreuses règles morales. Mais en tant que relation, l'entr'aide n'est ni plus, ni moins qu'un cas particulier de la loi générale de la causalité : à causes identiques — effets identiques; à causes inégales — effets inégaux.

Qu'on essaie maintenant de remplacer dans la démonstration de M. Porret le terme de solidarité par les significations si différentes qu'il recèle, et il n'en restera que des propos sans suite. En voici deux échantillons :

L'entr'aide s'impose, non comme une théorie, mais comme un fait. Exemple : Les fautes du père peuvent empoisonner la vie du fils.

Ou bien : Le sort de l'humanité est résumé dans cette alternative — relation de cause à effet entre les actions humaines ou abrutissement.

M. Porret a d'ailleurs si bien senti l'inanité de sa démonstration qu'il a recouru à un sophisme, certainement inconscient, pour le préserver contre des attaques. « Universelle et primitive, dit-il [1]), la loi de solidarité est la trame du plan de Dieu à l'égard de l'homme; Dieu l'a voulue pour le bien, soit des individus, soit de l'espèce. C'est dire qu'elle est juste et bonne ».

[1]) o. c. p. 12.

Analysons quelque peu ces affirmations :

D'après M. Porret, on reconnaît la trame du plan divin à son universalité et à l'ancienneté des lois sociologiques qui s'y manifestent. Or, la lutte pour l'existence, avec tout ce qu'elle implique est en tout cas aussi universelle que celle de la solidarité — et si nous faisons abstraction de l'épisode du paradis, elle est aussi ancienne que l'autre. La lutte pour l'existence, avec toutes les horreurs qu'elle implique, est-elle donc également la trame du plan de Dieu à l'égard de l'homme ? L'est-elle également à l'égard des souris mangées par les chats, et des chats tués par des vers intestinaux ? Et si le triste sort de l'homme pouvait s'expliquer par sa solidarité avec Adam et Eve, le triste sort des souris et des chats devrait-il être attribué à un péché originel du premier rongeur ou du premier félin? Poser cette question, c'est démontrer toute l'absurdité de l'hypothèse en général.

Dieu, nous dit M. Porret, a voulu la « loi de solidarité » pour le bien « soit des individus, soit de l'espèce ». Il n'est donc pas très sûr au bénéfice de qui elle agit, et les exemples donnés par M. Porret laissent plutôt croire que c'est l'espèce qui en est favorisée.

Mais alors comment concilier ce sacrifice de l'individu avec la justice et la bonté de Dieu ? « L'Eternel est bon, et sa miséricorde demeure », dit la

Bible[1]). Or, si elle demeure, elle ne doit pas sacrifier l'individu sur l'autel de l'espèce, car chaque homme ou du moins chaque chrétien convaincu est personnellement l'enfant de Dieu[2]). Quant à la justice, il est vrai que les hommes en ont une conception qui diffère passablement de celle de l'Eternel. Les nations civilisées ont statué que nul ne peut être puni que pour des actions personnelles, et elles ont rayé de leurs codes les châtiments qui frappaient d'infamie ou de confiscation la famille d'un coupable. Dieu n'agit pas de même: il se proclame « un Dieu jaloux, qui punit l'iniquité des pères sur les enfants jusqu'à la troisième et la quatrième génération[3]) ». Peu importe qu'il promette sa miséricorde à mille générations de descendants des hommes pieux; il n'en agit pas moins injustement vis-à-vis des enfants des pécheurs, enfants qui n'ont participé en rien aux forfaits paternels et qui n'ont pas même donné leur consentement à être les descendants de leurs parents coupables.

Cela n'empêche pas M. Porret d'affirmer que la loi de solidarité — cette fois dans le sens de la punition des innocents à la place des coupables — que cette loi est juste et bonne parce que voulue de Dieu.

1) Esd. III, 11.

2) Jean I, 12. — Rom. IX, 26. — Gal. III, 26 — I Jean III, 2.

3) Exod. XX, 5.

Ici, M. Porret vient d'entreprendre un tour de force prodigieux: ayant perdu pied et s'enfonçant dans la vase de l'inconnaissable, il essaie de s'en sortir en se tirant par ses cheveux. Il a voulu montrer que Dieu est bon et juste et pour le prouver il affirme que l'activité divine est juste et bonne — parce qu'elle est celle de Dieu. « Cercle vicieux », s'il en fut jamais!

Très loyalement d'ailleurs, M. Porret reconnaît tout ce que son explication recèle de difficultés, et il se voit obligé de présenter une thèse auxiliaire pour étayer celle de la bonté d'un Dieu tout-puissant, co-existant avec une *solidarité* qui frappe les justes à la place des criminels. « Oui, dit-il, la solidarité, œuvre de l'amour divin... est en soi juste et bonne; mais dans un état de choses perverti on dirait *(sic)* qu'elle se fausse; elle enfante l'injustice, l'innocent payant pour le coupable. »

Mais qui donc, M. Porret, manie ainsi la justice sinon Dieu tout-puissant, bon et juste ? Vous vous y perdez vous-même, et vous l'avouez en vous réfugiant derrière une *Pensée* aussi célèbre qu'absurde de Pascal: « Le nœud de notre condition prend ses replis et ses tours dans cet abîme; de sorte que l'homme est plus inconcevable sans ce mystère que ce mystère n'est inconcevable à l'homme. »

Malgré notre admiration pour Pascal, et peut-être même à cause d'elle, nous affirmons l'absurdité de *cet* aphorisme. Quel galimatias, en effet, qu'un mystère — inconcevable par définition — qui est plus inconcevable qu'un autre mystère! C'est comme s'il parlait d'une boule parfaite plus ou moins ronde qu'une autre boule parfaite [1]).

Et dire que c'est sur des logomachies de cette nature que repose, en dernier lieu, la théologie de M. Porret et d'un très grand nombre d'autres croyants non moins convaincus que lui.

Pour être juste, il faut cependant ajouter que M. Porret a d'autres raisons encore pour croire comme il croit.

« Dieu, dit-il [2]), corrige incessamment les fautes des hommes... Jamais cette action réparatrice ne fait défaut.» Et il nous renvoie à l'histoire — et à l'avenir pour la constater. Malheureusement, le seul exemple du passé qu'il donne est celui d'Israël en général. Or, ce que nous constatons dans son histoire c'est qu'après de multiples hauts et bas de sa prospérité, il a fini par succomber complètement, malgré la vaillance et la piété de ses guerriers et que depuis lors il attend toujours en vain l'accomplissement des promesses de Dieu, tout en

[1]) On comprend d'ailleurs que Pascal ait dû en arriver là. Partant d'une hypothèse absurde, les arguments pour l'étayer ne pouvaient être d'une nature différente: ainsi seulement ils étaient à même de correspondre à l'absurdité de l'hypothèse. — Quant à l'argument d'autorité, si quelqu'un voulait le présenter en cette occasion, qu'il se demande d'abord quelle valeur il faut attribuer au jansénisme de Pascal, à son amulette et à l'abîme qu'il croyait toujours côtoyer ?

[2]) o. c. p. 13.

souffrant les pires calamités de la part d'hommes qui se disent inspirés des mêmes révélations divines que lui-même, quoique non d'elles uniquement. Où donc est cette action réparatrice infaillible ? Aurait-elle besoin de plus de dix-huit siècles pour s'exercer ? Dieu n'avait menacé que trois ou quatre générations de sa colère jalouse. — Ou bien ces générations ont-elles de nouveau péché et la charité divine n'a pas encore rencontré cette cinquième génération à laquelle elle aurait pu justement faire du bien.

A constater tous les malheurs qui ont fondu sur l'humanité et même sur les hommes les plus pieux — pensez aux désillusions de saint François, à la maladie cruelle de Calvin, aux souffrances des Camisards — on peut se demander si Dieu a jamais encore eu l'occasion de manifester sa bonté et si tout ne se passe pas comme s'il n'avait aucune part aux affaires du monde ?

Pratiquement, M. Porret arrive d'ailleurs à des conclusions très semblables aux nôtres: « Dieu, dit-il, n'a pas voulu la guerre actuelle, mais il ne l'a pas empêchée. » Il paraît que c'est « sa Justice, attribut de son Etre adorable, qui n'est qu'une application de sa Sainteté, son essence avec l'Amour », qui exigeait — par respect de la liberté humaine — que Dieu laissât éclater cette guerre.

Et voilà pourquoi nous assistons depuis vingt-et-un mois aux massacres les plus épouvantables que l'histoire, même sacrée, ait encore enregistrés.

Si pour M. Porret le nœud du problème de la guerre était dans la question de la *justice* divine, pour M. le pasteur Henriod il gît dans la question de la *bonté* divine.

M. Henriod ne se cache pas la difficulté de concilier cette bonté avec les horreurs de la guerre. « Il est bien certain, dit-il, que l'amour de Dieu est recouvert de voiles épais [1]).» Et certain de le découvrir, il essaie de lever ces voiles.

M. Henriod n'ignore pas les arguments qu'on tire de l'existence du mal, et de cette guerre en particulier, contre l'hypothèse d'un Dieu bon. Mais, nous dit-il, « la prédication évangélique affirme que l'amour de Dieu envers les hommes a été manifesté ». — Et quelle est cette manifestation ? — « Dieu a envoyé son fils unique dans le monde, afin que nous ayons la vie par Lui. » «Etrange paradoxe», convient M. Henriod, «pourtant c'est là l'Evangile, tout l'Evangile ».

Cette constatation lui suffit; puisque c'est l'Evangile, il admet donc non seulement le caractère historique de Jésus, sa naissance miraculeuse, sa marche sur les eaux, la noyade des pourceaux des Gergéséniens et tous les autres miracles.

M. Henriod sent néanmoins le désir d'apporter quelques autres arguments encore en faveur de son orthodoxie. « Puis, dit-il [2]), c'est la résurrec-

[1]) Amour de Dieu et Gloire Eternelle, p. 6.

[2]) o. c. p. 12.

tion du Christ, que les Juifs ont niée sans pouvoir appuyer leur négation d'aucune preuve.» Quelle est donc la preuve que M. Henriod oppose à la naissance miraculeuse du Bouddha ou aux conversations de Mahomed avec l'archange Gabriel ? — « La résurrection du Christ a fait de ses disciples découragés des héros et des martyrs [1]).» — Le bouddhisme et l'islam n'ont-ils pas eu des martyrs et des héros ? Y a-t-il une cause, quelque bonne ou quelque folle qu'elle soit, qui n'en ait pas eus ? Mais M. Henriod découvre encore un nouveau point. « C'est l'entrée du Christ en gloire, qui Le remet en possession de ce qui était à Lui avant la création du monde, avec quelque chose en plus. » Le Christ, partie de la Sainte-Trinité dès l'éternité, avait donc besoin de la création du monde pour arriver à être satisfait d'une manière complète. M. Henriod le comprend bien ainsi, car il dit: « Manquait-il donc quelque chose à sa gloire d'avant les siècles ? » Et, heureux dépositaire des volitions divines d'avant la naissance du monde, M. Henriod veut bien nous en faire part: « Il manquait à la gloire du Christ l'humanité souffrante, obéissante jusqu'à la mort, offrant à Dieu la réparation de ses fautes, marquée désormais par sa couronne d'épines du sceau ineffaçable de la douleur acceptée par amour.» En termes moins élevés, voilà ce que cela veut

[1]) o. c. p. 12.

dire: Le Christ, avant le commencement du temps, ressentait le besoin de se sacrifier. Il s'arrangea donc avec les deux autres personnes de la Trinité pour créer le monde, et un monde assez imparfait pour que le péché puisse y entrer. De par la faute d'Adam, l'humanité est damnée, mais au bout de plusieurs milliers d'années le Christ se sacrifie pour acquérir la couronne du martyre, ce qui, en même temps, a l'avantage de sauver un certain nombre d'élus. En d'autres termes encore: Pour satisfaire un masochisme sublime, la Divinité s'offre le plaisir sadique de créer un monde destiné à la souffrance.

Cette insanité outrageuse une fois admise, le problème de la guerre n'offre plus de difficulté.

Pour que l'humanité puisse pécher et pour que le Christ puisse se sacrifier pour elle, il fallait à l'homme le libre-arbitre. C'est pour le sauvegarder que Dieu n'intervient qu'irrégulièrement dans les événements terrestres. S'il se manifestait toujours « nous croirions forcément à sa vérité » ou si nous pouvions encore faire le mal, nous commettrions « le péché satanique, le blasphème contre le Saint-Esprit ».

Et voilà pourquoi, grâce à la bonté divine et grâce à son respect pour la liberté des hommes, ceux-ci sont en train de s'exterminer, depuis vingt-et-un mois, sous l'œil de la Sainte-Trinité.

Le troisième apologiste dont nous avons l'intention de parler, M. le pasteur Maurice Neeser, s'attaque au problème par une voie toute différente de celles de MM. Porret et Henriod: il a choisi le chemin de la métaphysique.

Pour cela il a commencé par établir deux types: ceux qui envisagent Dieu comme immanent à l'univers, remplissant tout de sa présence, cause efficiente et directe de tout — et ceux qui envisagent Dieu comme transcendant, sevré de tout contact avec l'univers, et pure quiescence.

Contre ces deux conceptions, M. Neeser part en guerre et il ne lui est évidemment pas difficile d'en montrer les inconséquences, les contradictions, les absurdités.

Mais tout en admettant que M. Neeser a raison de s'attaquer à ces deux conceptions d'une divinité immanente et d'une divinité transcendante, nous sommes obligé de prendre quelque peu la défense des « croyants » qu'il prend à partie.

M. Neeser aime à schématiser et lorsque les faits ne s'y prêtent point, il n'hésite pas à leur faire violence pour les faire entrer dans son schéma.

Ainsi il prétend que c'est l'opinion de « tous les chrétiens français et de l'immense majorité des chrétiens allemands » que défendre sa nation est un devoir divin, puisque la nation existe par une volonté divine et puisque le Tout étant Dieu et

Dieu étant le Tout (thèse de l'immanence) l'univers-Dieu avec toutes ses manifestations, même celle de la guerre, ne peut être que divin.

Que M. Neeser aille donc demander aux chrétiens français et allemands ce qu'ils pensent de cette affirmation et s'ils considèrent la guerre à ce point de vue ? Nous parions que parmi tous ceux qui, des deux côtés des Vosges, considèrent le devoir militaire comme un devoir divin, il n'y en a pas un sur dix mille qui base sa conviction sur un « monothéisme panthéiste ». Même parmi les monistes allemands de l'école d'Ostwald, il ne trouvera guère de personnes qui accepteront comme leurs les opinions que leur prête M. Neeser. Ce sont des raisons d'ordre sentimental qui poussent les masses à la bataille et quant à l'infime minorité qui approuve la guerre pour des raisons d'ordre intellectuel, nous n'en voyons guère qui les basent sur les raisonnements mono-panthéistes. Mais admettons qu'il y en ait. Même parmi ceux qui affirment que c'est un devoir divin que d'attaquer une nation voisine, je n'en vois pas qui en tirent la conséquence présumée par M. Neeser [1]) : « S'il en résulte une guerre des dieux, ou en Dieu, si Dieu s'ensanglante ainsi lui-même, qu'y faire ! C'est son affaire. »

M. Neeser reconnaît que le souci de la logique fut le moindre des soucis de Calvin [2]), mais alors

[1]) o. c. p. 13.
[2]) o. c. p. 12.

pourquoi prête-t-il un excès de logique à des théologiens modernes qui, certes, ne s'en servent guère? Un sophisme habile n'est pas de la logique, et un sophisme maladroit encore moins. Que M. Neeser aille gratter un peu ces théologiens soi-disant monistes et il y trouvera très vite le vieux dualisme biblique qui fait — et cela nécessairement — le fond de toute croyance religieuse.

Il est d'ailleurs facile de démontrer que M. Neeser fait fausse route. Un Dieu immanent — il le reconnaît lui-même — ne peut être accessible aux prières; or tous les chrétiens prient à l'heure qu'il est pour le triomphe de leur nation respective. Donc ils ne sont *ou* pas croyants en un Dieu immanent, *ou* ils manquent de logique. En réalité, ils manquent de logique *et* ils sont partisans d'un Dieu qui n'est ni immanent, ni transcendant, soit d'un Dieu qui unit en lui « une certaine mesure d'immanence à une certaine mesure de transcendance [1])», et qui est précisément le Dieu cher au cœur de M. Neeser.

Quant au Dieu transcendant, M. Neeser le constate surtout — parmi les socialistes qui, dit-il [2]), « affirment la liberté humaine avec trop d'absolu.» Ils remplacent la Nature-Dieu des partisans de l'immanence par l'Humanité-Dieu.

Jusqu'à présent on avait reproché au socialisme

[1]) o. c. p. 26.
[2]) o. c. p. 23.

d'être le parti du ventre et de faire de la philosophie bassement matérialiste, et voilà qu'on lui reproche tout à coup un idéalisme excessif et une philosophie de la liberté absolue! Nous nous demandons où M. Neeser les a constatés? Il ne cite malheureusement aucune preuve à l'appui de sa thèse, et même s'il avait produit quelque passage de quelque « *Réalité du monde sensible* », en bonne foi il aurait dû constater que le socialisme moderne dans ses trois grandes branches: socialdémocratie, syndicalisme, anarchisme, repose sur le « matérialisme historique », sur le « dynamisme social », sur « l'évolutionnisme utilitariste », tous applications du déterminisme le plus rigoureux.

M. Neeser s'acharne donc contre des fantômes que sa fantaisie, assoiffée de proportions harmonieuses, lui a fait créer, et qu'il démolit avec d'autant plus d'aisance qu'ils n'existent pas, ou en tout cas pas en tant que phénomènes sociaux.

Or, après avoir triomphé — sans péril — du Dieu immanent, comme du Dieu transcendant, M. Neeser proclame en vainqueur: « Il faut à la vérité humaine, il faut à la religion un autre Dieu [1]) ».

Voyons ce qu'est cet autre Dieu et quelle est sa part à la guerre ?

Ce Dieu, c'est « le Dieu de Jésus-Christ » [2]), et

[1]) o. c. p. 26.
[2]) o. c. p. 18.

voilà comment M. Neeser en conçoit l'essence[1]) : C'est « dans l'union de la causalité créatrice initiale devenue quiescente (immano-transcendance) au cours de l'histoire à la suite de son désistement en faveur de la liberté humaine et de la causalité rédemptrice subséquemment intervenue (transcendo-immanence), que l'on pourrait concevoir que se réalise en Dieu le mystère, vital pour la religion, de la transcendance et de l'immanence. »

Donc, de l'avis de M. Neeser, il s'agit d'un mystère. Or, toujours selon lui, ce mystère est vital pour la religion. Et la religion, ou plutôt la religion de Jésus, est nécessaire à la vie de l'humanité. Il est donc nécessaire de concevoir ce mystère.

Ni la théorie de la transcendance divine, ni celle de l'immanence divine ne réussissent, selon M. Neeser, à élucider ce mystère. Nous sommes sur ce point bien de son avis, quoique pour d'autres raisons que lui. Pour nous, un Dieu transcendant, soit un Dieu qui ne s'occupe pas du monde, est un Dieu pratiquement inexistant: son activité ne se manifestant nulle part, il pourrait disparaître sans qu'on s'en aperçoive; et d'autre part l'hypothèse de son activité initiale ne fait que reculer d'un échelon le problème même de l'être.

Quant au Dieu immanent, Dieu qui se confond avec le monde, ce serait une divinité — donc un être conscient et voulant — qui chaque jour naî-

[1]) o. c. pp. 33, 34.

trait sous des millions de formes, chaque jour s'exterminerait, se mangerait, se digérerait et qui, à l'heure qu'il est, enfoncerait hebdomadairement à l'aide de cent mille de ses bras cinquante mille bayonnettes dans cinquante mille de ses ventres. Le tout par le jeu d'un fatalisme auquel lui-même ne pourrait aucunement échapper.

M. Neeser argumente autrement [1]) ; pour lui les deux théories nient en Dieu la causalité rédemptrice, qui fait du Dieu de Jésus le Dieu de l'humanité. « Ni l'une, ni l'autre ne sauraient songer à l'avènement de la société universelle. Le Dieu de Jésus seul y travaille: seul il comporte l'idéal d'une humanité qui fut le but de sa volonté créatrice et dont la réalisation, retardée par les écarts de la liberté humaine, reste le but de sa volonté rédemptrice. »

Nous voilà donc renseignés, une fois de plus, sur les intentions divines lors de la création du ciel et de la terre. Et l'on comprendrait que M. Neeser, en possession d'une révélation indiscutable, ou qu'il croirait telle à la manière de M. Henriod, puisse songer à en tirer ces conséquences. Mais aux yeux de M. Neeser, même les Evangiles ne sont pas incontestables. « Il faut abandonner, dit-il [2]), certaines affirmations même chères à la tradition évangélique la plus sûre en apparence. Elles

[1]) o. c. p. 35.
[2]) o. c. p. 36.

ne sont pas l'Evangile: Il tombe des passereaux à terre sans la volonté du Père qui est aux cieux. Il doit y avoir là confusion: s'ils tombent, les passereaux, c'est par la volonté de l'Autre. C'est par la volonté de l'Autre, ô mères, c'est par la volonté aveugle du faux dieu que l'humanité s'est élue en la Nature, que tombent vos fils. Dieu, le vrai, n'est pas là, ni dans les épisodes, ni dans l'ensemble... Ce n'est pas lui qui tisse du hasard monstrueux des guerres l'incohérente trame de l'histoire telle qu'elle est. L'histoire telle qu'elle est n'est pas telle qu'elle devait être..., telle qu'eût voulu qu'elle fût le Dieu de Jésus. »

M. Neeser parle toujours du Dieu de Jésus — mais comment le connaît-il sinon par les paroles de l'Evangile, et en particulier par les paroles de Jésus lui-même ? Or, Jésus a dit que pas un passereau ne tombe à terre sans la volonté de Dieu[1]). De quel droit, en se basant sur quelle autorité, M. Neeser conteste-t-il la vérité de cette parole censée être dite par Jésus en personne ? Or, si celle-ci est inauthentique ou fausse, à quoi reconnaître l'authenticité ou la vérité des autres paroles sur lesquelles M. Neeser base tout son système ? Il scie la branche sur laquelle il est assis. Il fait même des choses bien plus étranges encore. M. Neeser admet l'existence de l'Autre, qu'il appelle le Dieu-Nature et qui, selon lui,

[1]) Matth. X, 30.

serait la création ou du moins l'élu d'une humanité abusée. Entrons un moment dans cette vue et admettons cette thèse, en voyant dans l'Autre soit une réelle personnalité satanique, soit un simple fantôme imaginé par les hommes : dans l'un comme dans l'autre cas, on peut comprendre ce que M. Neeser a voulu dire quant à son intervention dans la guerre. Mais qu'est-ce que les pauvres passereaux ont à faire avec ce Dieu-Nature ? La question de la « liberté » n'existant pas pour les oiseaux, on ne voit pas pourquoi le Dieu de Jésus ne pourrait pas les préserver des griffes des chats, si tant est qu'un Satan leur en veuille à mort. Et si le Dieu-Nature n'est qu'une imagination des hommes à laquelle ils se sacrifient, comment cet être imaginaire peut-il faire tomber, non pas un passereau entier, mais même la plus petite plume d'un de ces volatiles ?

On avouera que tout cela manque de clarté et de logique. Et il faut ajouter que la part que M. Neeser attribue à Dieu dans cette guerre, n'est pas non plus d'une compréhension très aisée.

Dieu est père, dit-il [1]), et en cette qualité il doit être pour quelque chose en toute la destinée de l'homme, parce qu'il a créé l'homme. Or il créa l'homme libre, pour en faire le plus haut chef-d'œuvre concevable de la part de la divinité. « Dieu occupant sa causalité à la création de la

[1]) o. c. pp. 31, 32.

liberté humaine créait en cette dernière une causalité à l'égard de laquelle la sienne passait désormais à l'arrière-plan, mais dont il ne demeurait pas moins l'auteur. Dieu a donc dans la guerre une part... Mais il ne peut s'agir que d'une part limitée, d'une responsabilité indirecte. De moins encore. La causalité divine créatrice ne peut être envisagée que « comme la condition d'être la plus générale et l'origine virtuelle ou métaphysique de la guerre. La causalité directe, l'origine actuelle ou historique et en conséquence la responsabilité, en sont imputables à l'homme ».

Le voilà donc,

Ce pelé, ce galeux, d'où nous vient tout le mal!

Et pourquoi l'homme encourt-il une responsabilité aussi énorme ? M. Neeser va nous le dire[1]) :

« Le père n'est pas responsable de la faute du fils au même degré que le fils. Il en est moins la cause efficiente particulière, que la condition la plus générale. La cause efficiente particulière, et directe, aux yeux de tous, à moins d'anomalie, c'est le fils qui en répond. »

Traduisons cela en un exemple. Si un fils commet un délit, disons un homicide, son père, l'ayant engendré, en est naturellement l'auteur indirect, mais « à moins d'anomalie » le fils est responsable devant les tribunaux. « A moins d'anomalie » — dit M. Neeser lui-même. Or, si ce père est

[1]) o. c. p. 32.

un alcoolique ou un avarié, la responsabilité remonte à lui, — même si les juges n'ont point à connaître de son cas, — pour avoir engendré un fils qui, vu l'état de santé du père, risquait énormément de devenir un invalide physique ou psychique. Tout le monde admettra cette responsabilité morale, parce que nul n'est censé ignorer la loi de la nature selon laquelle certains états morbides se transmettent, tels quels ou transformés, aux générations suivantes.

Or, que devient la paternité divine dans le système de M. Neeser ? M. Neeser se pose cette question et il la formule ainsi [1]) : « Dieu avait-il le droit, sachant que de la liberté *pouvait* [2]) sortir le péché, de créer l'homme libre ? » — Cette question est mal posée. — Le Dieu de M. Neeser étant, par définition, omniscient, la question doit être : Dieu avait-il le droit, sachant que de la liberté *devait nécessairement* sortir le péché, de créer l'homme libre ?

Et alors nous arrivons au père qui, sciemment, communique à son descendant un héritage qui ne peut pas ne pas lui être néfaste.

M. Neeser protestera, il proclamera la liberté — ou plutôt le libre arbitre, car c'est de lui qu'il s'agit — « la vraie source de la grandeur humaine ».

[1]) o. c. p. 31.
[2]) C'est nous qui soulignons.

A quoi l'humanité pourrait répondre qu'elle se passerait très volontiers de cette grandeur dont le résultat logique pour l'au-delà ne peut-être que l'existence d'un enfer, sous une forme ou sous une autre; d'une grandeur dont le résultat ici-bas, à l'heure actuelle, est le massacre général.

La thèse de M. Neeser se heurte donc à des impossibilités logiques autant que morales, elle se heurte à la « raison pratique » et, de plus, à l'enseignement du Christ lui-même, sous les auspices duquel il a essayé de placer son apologie.

Et il ne faut pas croire qu'un autre que lui aurait mieux réussi : l'existence simultanée de la guerre et d'un Dieu tout-puissant, omniscient et bon est une impossibilité, quelque nombreuses que soient les hypothèses auxiliaires inventées pour expliquer ce qui ne peut l'être.

Or, la guerre est un fait; Dieu n'est qu'une hypothèse. C'est à l'hypothèse de céder devant le fait, si elle n'arrive pas à l'expliquer.

Et maintenant, retournons à notre point de départ.

***

Louez l'Eternel !

Mais pourquoi donc ?

S'il existait, il serait l'auteur, direct ou indirect, mais toujours responsable, des affres de l'humanité à travers l'histoire et en particulier de celles qu'elle éprouve depuis vingt-et-un mois. — Louez donc l'Eternel !

Et s'il n'existe pas, — mais la question même, alors, devient ridicule.

Louez l'Eternel !

Ainsi l'humanité a chanté depuis des milliers d'années, et j'ai vu les hommes malheureux, en proie aux tourments, aux maladies, aux famines, aux guerres, cherchant à atteindre un idéal inaccessible et s'exterminant au nom de ce Dieu qu'ils adorent et dont les révélations permettent très sincèrement les plus grandes monstruosités.

Et j'ai vu la fin momentanée du carnage et j'entendis une grande voix disant aux peuples qui pansaient leurs plaies : « Vous voulez commencer une ère nouvelle; vous faites bien. Vous voulez changer l'organisation de votre vie pour ne plus voir l'éclosion d'horreurs aussi inouïes; votre but est louable. Mais vous êtes en train de mettre du vin nouveau dans de vieilles outres. Elles ne pourront que le contaminer. Voilà quinze siècles que le christianisme a régné sur la terre, et ces quinze siècles ont été remplis d'abominations à l'appui desquelles ont servi ses livres sacrés. Tous les massacreurs ont toujours invoqué Dieu — un Dieu d'amour — et jamais ce Dieu n'a encore protesté. Des imposteurs ont accusé cette dernière guerre d'être un fruit de l'impiété, comme si les croisades, les guerres de religion, la guerre de

Trente ans, n'avaient pas été menées avec la sincère conviction que « Dieu les voulait » ! Connaissez donc l'arbre par le fruit [1]). Un bon arbre ne peut porter de mauvais fruits [2]). Coupez donc l'arbre dont les fruits sont mauvais ! Faisant ainsi, vous suivrez un des conseils les plus sages de l'Evangile.

« Recherchez donc la justice, mais que ce ne soit plus une énigmatique justice divine, arbitraire et occulte, mais la justice terrestre, faite de la fidélité à la parole donnée et de l'attribution d'une part légitime à tout travail honnête.

« Recherchez la bonté, mais que ce ne soit plus une bonté capricieuse et conditionnelle, mais une bonté franche, généreuse et générale.

« Recherchez la solidarité, mais non pas celle qui fait payer les innocents pour les coupables, mais celle qui a nom : entr'aide.

« Et le reste vous viendra par surcroît. »

Ainsi parla la voix.

Et cette voix était la voix de la Raison.

[1]) Luc VI, 44.

[2]) Matth. VII, 18.

Lettres ouvertes

à Monsieur le pasteur Philippe Dulex, à Essertines-sur-Yverdon

I

Monsieur le Pasteur,

Afin de répondre à ma brochure *Louez l'Eternel*, vous avez eu l'obligeance de m'écrire une longue lettre qui en discute un certain nombre de points. Vous dites que vous auriez aimé demander au journal *La Libre Pensée* l'insertion d'une lettre ouverte, au sujet de ma conférence (dont la brochure en question est la reproduction), mais que, n'ayant pas eu le loisir de compléter les notes prises alors, vous avez dû y renoncer.

Je ne crois donc pas commettre d'indiscrétion en profitant de votre aimable lettre du 30 juin pour en rendre publics tous les arguments que vous m'opposez, et pour y répondre par la voie de la presse. — Vous dites, Monsieur :

« La liberté de l'homme implique nécessaire-
« ment une religion indémontrable par le seul
« raisonnement dialectique ou philosophique, car
« le jour où la vérité religieuse pourrait se dé-

« montrer irréfutablement comme un théorème de « géométrie, l'homme serait contraint de l'accepter. « Or, Dieu ne veut pas d'adhésion forcée au « christianisme. Je vous rappelle deux paroles de « Jésus : « Vous ne voulez pas venir à moi pour « avoir la vie » (Jean V, 40), et « Jérusalem, qui « tues les prophètes et qui lapides ceux qui te sont « envoyés, combien de fois ai-je voulu rassembler « tes enfants, comme une poule rassemble ses pous-« sins sous ses ailes, et vous ne l'avez point voulu ! » « (Matth. XXIII, 37). »

Si vous le voulez bien, Monsieur, nous nous en tiendrons aujourd'hui à la discussion de ce passage, qui forme un tout bien distinct dans votre lettre.

Votre argumentation, Monsieur, est double : elle se compose d'un essai de démonstration scripturaire et d'un autre de démonstration logique.

Permettez-moi d'examiner d'abord votre démonstration tirée des Ecritures dites saintes : elle est, n'est-ce pas, l'accessoire dont il convient de nous débarrasser avant d'entrer dans le fond du débat

Les passages, Monsieur, que vous amenez — excusez ma franchise — parlent contre vous. Vous les citez pour prouver que Jésus ne *veut* pas forcer les hommes à embrasser sa doctrine, et le contexte montre clairement qu'il affirme ne pas *pouvoir* les y amener. Pas un mot du chapitre V de Jean ne laisse supposer qu'il s'agisse d'un défaut de volonté de la part du Christ. Au contraire, ce chapitre débute par le récit d'un miracle — manière qui vaut bien une démonstration géométrique pour convaincre les foules.

Votre citation, Monsieur, de Matth. XXIII, 37, n'est guère plus démonstrative que la précédente.

Jésus s'y plaint de ne pas être écouté. Or, au verset suivant il prédit des désastres pour punir cette désobéissance à son enseignement — ce qui est bien une manière de contrainte, à ce qu'il me semble; et même le Christ y annonce un grand miracle pour le cas que sa doctrine serait acceptée: « Je vous dis que désormais vous ne me verrez plus jusqu'à ce que vous disiez: Béni soit celui qui vient au nom du Seigneur » (l. c. XXIII, 39).

Or, depuis la prophétie du Christ, cette formule a été dite des millions de fois, et cela d'un cœur croyant, sans que le « Fils de l'Homme » se soit montré de nouveau.

Vous pourriez peut-être en inférer, Monsieur, que cette non-venue est précisément la preuve que le Christ ne *veut* pas forcer l'adoration. L'argument ne serait pas mauvais en soi, mais il a l'inconvénient de ravaler les prophéties de Jésus au rang de chiffons de papier.

Je l'accepterais néanmoins si, d'après le livre dont vous tirez votre argumentation, le Christ n'avait pas proclamé clairement, inconditionnellement, solennellement, sa volonté d'amener malgré eux les hommes à sa doctrine. Veuillez, Monsieur, consulter dans Luc XIV, la parabole du grand festin: « ... contrains d'entrer ceux qui y sont (dehors), afin que ma maison soit remplie. »

Je ne prétendrai pas que l'Eglise catholique ait raison de brûler, ce verset en mains, les hérétiques et les athées. On ne peut cependant affirmer, une fois l'inspiration de la Bible admise, qu'on puisse ne pas tenir compte d'un passage censé dit par le Christ en personne.

Mais je serais mal placé, Monsieur, de me prévaloir d'un avantage obtenu sur votre argumentation par des armes qui ne sont pas les miennes. Passons donc à votre démonstration logique.

Vous partez de la liberté de l'homme[1]). — De quel droit le faites-vous?

Vous niez ainsi d'emblée la doctrine du Christ, de Paul, d'Augustin, de Calvin, du Réveil. Vous faites table rase de la grâce, qui devrait vous importer beaucoup; et vous ne tenez aucun compte de l'argumentation de tous les philosophes déterministes que j'aimerais infiniment vous voir discuter.

Vous débutez, Monsieur, par la plus belle pétition de principe qu'on puisse s'imaginer, et vous voudriez que je saute comme vous, pieds joints, au-dessus du problème même qu'il s'agit d'élucider. — Excusez-moi si j'y reste quelque peu attaché.

Selon vous, Monsieur, la liberté ne peut coexister avec une révélation vraiment irréfutable. Car si la révélation était tout à fait convaincante, il n'y aurait plus — selon vous — des mécréants possibles.

Mais qu'est-ce qu'une révélation incomplète ? — C'est une manifestation qui ne peut être comprise que par quelques-uns. Or, ou bien cette manifestation s'adresse d'une même manière à tous — alors il n'y a pas de raison suffisante pour que les uns l'acceptent et les autres la refusent; ou elle s'adresse à certains de préférence, soit qu'elle s'y fasse plus persuasive, soit que l'individu y soit mieux préparé par la divinité — et alors vous retombez dans la doctrine de la grâce, qui est la négation de la liberté.

Cinquante générations de théologiens ont essayé en vain de concilier la coexistence de la grâce et

[1]) Il s'agit, bien entendu, de la liberté dans le sens philosophique, soit du « libre arbitre ».

de la liberté. Ils n'ont fait que rendre le problème plus obscur et, finalement, pour être un peu clairs, ont dû abandonner l'une ou l'autre de ces hypothèses — et parfois les deux à la fois.

Mais admettons momentanément l'existence d'un Dieu qui joue à cache-cache avec sa créature et qui s'interdirait toute tricherie dans ce jeu, — c'est là, prosaïquement parlant, le rôle que vous attribuez à votre divinité, — quelle occupation ridicule pour le Créateur du Ciel et de la Terre ! Pourquoi tout ce jeu ? — Pour l'amuser ? — Dieu aurait-il besoin d'un passe-temps ? — Pour montrer sa puissance ? — A qui ? A lui-même ? Toutes ces hypothèses sont absurdes, vous en conviendrez avec moi, Monsieur !

Mais alors, dites-moi, de grâce, pourquoi Dieu a-t-il créé le monde ? — Pour voir l'homme souffrir ? Pour faire crucifier son fils ? Pour damner la majorité des hommes ? Vous adorez Dieu, Monsieur; il ne peut donc, dans votre idée, ni être pervers, ni féroce.

La question reste entière et c'est à vous de l'expliquer : Pourquoi, si Dieu existe, l'homme existe-t-il et surtout tel qu'il est ?

Mais vous tenez, décidément, Monsieur, à votre théorie de la liberté. Là encore, je veux vous la concéder provisoirement. Mais que prouve-t-elle ? — Que l'homme n'est pas déterminé par la volonté divine. — Dieu, selon vous, l'a pourtant créé et a mis en lui la possibilité — plus, la nécessité — d'enfreindre la loi morale. Mais alors, tout se passe aujourd'hui comme si Dieu n'existait pas, et il serait bien difficile, en effet, de voir le *divin* dans les tranchées autour de Verdun. Or, il est tout aussi difficile de constater la *liberté* parmi ces centaines de mille hommes qui se ruent les uns contre les autres et qui massacrent pour ne pas être massacrés. Ou faudrait-il admettre que la liberté s'exerce en temps de paix seulement et pour des problèmes de moindre importance: prendre ou non le tramway, acheter ou non un nouveau chapeau, jouer aux quilles ou aux cartes ?

Là encore, la question reste entière et ce sera à vous, Monsieur, d'expliquer si la liberté existe et dans quelles conditions ?

Tant que vous ne l'aurez pas fait, votre argumentation sur le premier point restera sans force convaincante.

Mais avant de vous passer la parole, Monsieur, permettez-moi de répondre, successivement, aux autres objections que vous avez bien voulu me présenter. Ce sera pour la semaine prochaine.

En attendant, je vous prie d'agréer, Monsieur le Pasteur, mes meilleures salutations.

Genève, le 2 juillet 1916.

O. K.

II

Monsieur le Pasteur,

Permettez-moi de continuer, sans autres préliminaires, l'examen de votre thèse.

« La vie terrestre de Jésus, dites-vous, s'offre « à nous comme une vie idéale répondant aux aspi- « rations de nos cœurs, que nous sommes invités à « imiter; et Jésus divin, révélateur de Dieu au « monde, veut nous communiquer sa force, son « esprit, pour que nous puissions remporter la vic- « toire sur les penchants mauvais qui sont en nous. « Si vous avez une doctrine plus satisfaisante à « la fois pour le cœur et l'intelligence de l'homme, « présentez-la au monde. Si vous n'avez rien de « consolant et de réconfortant à offrir aux âmes « que vous essayez de détourner du christianisme, « alors vous commettez un crime de lèse-humanité. « Même si toutes les espérances chrétiennes étaient « des illusions, il faudrait les conserver dans les « âmes pour les préserver du désespoir. Si vous « connaissiez des chrétiens authentiques, si vous « aviez assisté à des morts chrétiennes, vous au- « riez constaté que l'espérance chrétienne n'est pas « illusion, mais expérience certaine. »

Ce passage de votre lettre, Monsieur, se compose de quatre parties: 1° D'une apologie de la vie et de la doctrine du Christ; 2° d'une apostrophe à votre contradicteur l'invitant à présenter un enseignement plus satisfaisant que le vôtre; 3° d'une argumentation « pragmatiste » en faveur du christianisme; 4° d'une expérience à faire *in anima beata.*

J'espère que vous ne verrez point d'inconvénient à ce que, pour éviter des répétitions, j'intervertisse l'ordre de votre argumentation.

ad 4. — Certainement, Monsieur, je connais des chrétiens authentiques et j'en ai même vu mourir. Différentes circonstances de ma vie, entre autres mes études de médecine, m'ont fait assister à un certain nombre de trépas tant de croyants que d'incrédules. Dans la grande majorité des cas, ces morts étaient paisibles si le malade ne souffrait point ou souffrait peu; angoissées, affreuses s'il avait des douleurs et surtout des suffocations. J'ai vu également quelques chrétiens, comme quelques athées, mourir très tranquillement, malgré des souffrances. J'ai vu de près la fin d'une jeune protestante devenue célèbre pour sa « joie dans l'affliction » qu'elle gardait jusqu'au bout.

Mais que voulez-vous, Monsieur, que prouve la sérénité des mourants ? Tout au plus qu'une conviction peut être assez forte pour faire surmonter des souffrances. Mais cette conviction peut être celle du néant à venir, comme celle de la béatitude éternelle. D'ailleurs, si elle pouvait prouver en faveur d'un système, elle ferait triompher Vishnou-Krishna sur Jésus-Christ, car des centaines et des milliers d'hindous se sont jetés, encore ces derniers siècles, sous les roues du char sacré de Dshagannath, afin d'y trouver une mort sainte, tandis que les chrétiens affrontant le martyre pour le martyre même sont plutôt rares, surtout à notre époque.

On sait que le Guèbre meurt content s'il peut, en trépassant, tenir la queue d'une vache. En concluriez-vous, Monsieur, « que l'espérance religieuse des Parsis n'est pas illusion, mais expérience certaine » ?

Je ne crois pas que vous allez, Monsieur, abonder dans ce sens et proclamer la vérité de toute religion idoine à procurer l'euthanasie; mais le feriez-vous que vous commettriez un paralogisme des plus graves. On ne peut, en effet, d'une chose incontrôlable par essence, comme c'est l'objet de l'espérance religieuse, conclure à la certitude expérimentale de cet objet. Ce serait vouloir prouver *ignotum par ignotius,* ce qu'on ne sait pas par ce qu'on ignore encore davantage. Or, sur ce point de la logique nous sommes sans doute d'accord.

ad 3. — Mais vous pensez peut-être, avec l'Ecole pragmatiste, que le vrai « en soi » indiffère à l'homme; qu'il n'y a d'important pour lui, voire même de réel, que la « vérité pratique », et que l'utilité en est le critérium. Votre affirmation, Monsieur, sur la nécessité de conserver à tout prix les espérances chrétiennes, pourrait me faire croire que vous adhérez à cette philosophie. J'hésite cependant à vous classer parmi les pragmatistes: votre orthodoxie dogmatique, du meilleur aloi, me semble exclusive d'une conception à base sceptique, et, de plus, je ne vous vois pas soutenir simultanément l'absolutisme et le relativisme philosophique. Mais peut-être avez-vous reussi à résoudre ce problème méthodologique réputé insoluble. S'il en était ainsi, vous devriez en donner connaissance à vos contemporains.

Ceci quant à la forme de votre raisonnement, Monsieur; quant à son fond, je m'en expliquerai en discutant la deuxième partie de votre raisonnement. Mais en attendant il conviendra, par ordre logique, de nous occuper de sa première partie. Donc:

ad 1. — « La vie terrestre de Jésus s'offre à « nous comme une vie idéale répondant aux aspi- « rations de nos cœurs, que nous sommes invités « à imiter. »

Vous parlez, Monsieur, de *nos* cœurs. Entendez-vous par là le vôtre et celui de vos coreligionnaires ou ceux de vos contemporains en général ? Dans le premier cas, je n'aurais rien à y objecter; il n'en serait plus de même dans le second.

Personnellement, et d'accord avec beaucoup d'autres personnes, j'affirme que je ne considère nullement la « vie terrestre » de Jésus comme une « vie idéale ».

Voici *quelques-unes* de mes raisons, puisées dans les Evangiles mêmes.

Jésus a dit à sa mère: « Femme, qu'y a-t-il entre toi et moi? » (Jean II, 4.)

Jésus a dit à la foule: « Si quelqu'un vient à moi et ne hait pas son père, sa mère, sa femme, ses enfants, ses frères, ses sœurs, il ne peut être mon disciple. » (Luc XIV, 26.)

Jésus a dit aux apôtres: « Ne pensez pas que je sois venu apporter la paix sur la terre: je suis venu apporter, non la paix mais l'épée. Car je suis venu mettre la division entre le fils et le père, entre la fille et la mère, entre la belle-fille et la belle-mère. Et l'homme aura pour ennemis ceux de sa maison. » (Matth. X, 34–36.)

Jésus a prononcé la parabole de l'économe infidèle, conseillant de « se faire des amis avec les richesses injustes ». (Luc XVI, 1—9.)

Jésus a terminé ainsi la parabole des dix marcs (Luc XIX, 12—27) : « Quant à mes ennemis, qui n'ont pas voulu que je régnasse sur eux, amenez-les ici et égorgez-les en ma présence. »

Jésus a injurié ses adversaires, les traîtant de « serpents » (Matth. XXIII, 33), de « race de vipères » (Matth. XII, 34), de « sépulcres blanchis » (Matth. XXIII, 27). Imploré par une mère cananéenne de guérir sa fille, Jésus refusa en disant: « Il n'est pas juste de prendre le pain des enfants pour le jeter aux petits chiens. » Et il ne fit le miracle demandé que lorsque cette mère eut accepté cette comparaison déshonorante. (Matth. XV, 21—28.)

Vous ne pouvez, Monsieur, contester l'authenticité de ces paroles, car votre croyance est basée précisément sur l'inspiration des Evangiles. Vous ne pouvez non plus invoquer les passages dans lesquels Jésus exhorte à l'amour, à la concorde, à la charité: Un méfait ne disparaît pas, parce que l'accusé a, dans d'autres occasions, agi d'une manière louable. Tout au plus pourrait-on s'en servir pour plaider les circonstances atténuantes — mais qu'en serait-il alors de « la vie idéale » ?

Vous me répondrez peut-être, Monsieur, que ce qui importe est précisément la « vie » et non les paroles. L'argument me paraîtrait fortement sujet à caution, mais je vous y suivrais néanmoins sans hésitation, la vie de Jésus me paraissant aussi peu digne d'être imitée, sous bien des rapports, que son enseignement:

Jésus ne travaille pas; il vit de la charité, il se laisse même entretenir par des femmes dont le passé n'était pas toujours d'une moralité parfaite. (Cf. Luc VIII, 1—3.)

Jésus se soumet à l'injustice (Cf. Matth. XVII, 24—27). Il évite, par une réponse hypocrite, d'entrer en conflit avec les autorités (Cf. Luc XX, 22—25). Il craint la mort et il implore qu'on lui épargne le martyre, après avoir dit: « Celui qui aura perdu sa vie à cause de moi, la retrouvera.» (Matth. X, 39.)

Vous objecterez peut-être, Monsieur, que Jésus, finalement, est mort sur la croix. Ce « sacrifice » est sans valeur morale à nos yeux. D'après de nombreux passages des Evangiles, le Christ était convaincu qu'il ressusciterait dans les trois jours, pour juger ses ennemis et pour régner jusqu'à la fin des siècles[1]). Qu'étaient en comparaison quelques heures d'agonie?

ad 2. — Vous me demandez, Monsieur, une doctrine plus satisfaisante à la foi pour le cœur et l'esprit de l'homme que celle des Evangiles. Vous semblez croire qu'il est bien difficile, sinon impossible, de trouver mieux pour l'intelligence que le miracle des pourceaux des Gergéséniens ; de trouver mieux pour le sentiment moral que des préceptes dans le genre de celui-ci: « Tous ne sont pas capables de ne pas se marier, mais ceux-là seulement à qui il a été donné. Car il y a des eunuques qui sont nés tels, du sein de leur mère; il y en a qui ont été faits eunuques par les hommes; et il y en a qui se sont faits eunuques eux-mêmes pour le royaume des cieux. Que celui qui peut comprendre ceci, le comprenne. » (Matth. XIX, 10—12.)

Sous « crime de lèse-humanité » je ne devrais détourner les âmes du christianisme, si je ne suis pas à même de leur offrir une doctrine plus consolante que celle du péché originel, plus réconfor-

[1]) Si l'on constate une contradiction entre cette conviction de Jésus et sa défaillance à Gethsémané, ce n'est pas à nous de l'expliquer, mais aux auteurs des Evangiles et à ceux qui y voient l'inspiration divine.

tante que celle de la damnation éternelle, peut-être aussi plus claire que celle en la Sainte Trinité une et indivisible, plus propre à cultiver l'amour du prochain que celle de la parabole du juge inique (Luc. XVIII, 2—8), plus idoine à faire aimer le travail que l'exemple des oiseaux de l'air et des lis des champs (Matth. VI, 25—30), plus apte à faire naître la dignité humaine que celle qui procède par la perspective de promesses et de châtiments, plus moralisante que celle qui fait dépendre le salut de l'individu d'une aspersion d'eau bénite et de la foi en certaines affirmations incompréhensibles !...

Vous me demandez, Monsieur, une doctrine plus satisfaisante que la vôtre. N'avez-vous jamais lu les œuvres de Herbert Spencer, de Letourneau, de Clémence Royer, de Guyau, de Kropotkine, de Jodl, de Mach, de Forel, d'autres penseurs évolutionnistes ? Certes, ils diffèrent entre eux sur certains points; leurs œuvres sont partiellement sujettes à la critique. Mais que sont leurs contradictions de détail en comparaison des contradictions énormes de la Bible et des antagonismes entre les sectes chrétiennes ? Quelles sont les suites fâcheuses de leurs erreurs en comparaison de l'Inquisition, des guerres de religion, de la guerre actuelle, conséquences plus ou moins directes de la doctrine judéo-chrétienne ?

Nous autres, libres penseurs, nous ne prétendons pas avoir déjà découvert *toute* la vérité, mais ce que nous savons péremptoirement, c'est que votre doctrine est fausse, inefficace pour obtenir le bien social, délétère pour la raison et pour la dignité de l'homme. — Il vous plaît, Monsieur, d'attaquer l'évolutionnisme. Nous nous en expliquerons dans une autre lettre. Pour aujourd'hui, je me borne à vous dire que cette doctrine, intelligemment comprise, remplace on ne peut plus avantageusement tout le dogmatisme chrétien et cela même au point de vue des « besoins du cœur ».

Un grand poète rationaliste de la génération précédente, Louise Ackermann, a encore pu écrire

Et s'il faut accepter la sombre alternative,
Croire ou désespérer, nous désespérerons.

Cette parole est fière, elle est digne, elle refuse de ployer l'intelligence humaine sous le joug du dogmatisme. Elle proclame, et cela avec raison, que le désespoir vaut mieux que l'abandon de la vérité. Mais elle est trop pessimiste. L'évolutionisme, malgré les tristesses de l'heure présente, garde toutes les perspectives enchanteresses de l'avenir, et cela sans qu'il soit besoin de faire intervenir — comme vous en avez besoin pour votre croyance — des forces aussi mystérieuses qu'arbitraires.

Solidement placés sur le terrain de la méthode scientifique, démolissant les vieux édifices de l'erreur et de l'imposture, confiants en la puissance de la raison dont la force bienfaisante se manifeste même à travers les cataclysmes, heureux de notre travail, nous autres, libres penseurs, nous ne « croyons » pas, et nous ne désespérons pas.

Et alors que le christianisme va en s'émiettant dans mille sectes, parce que l'erreur est arbitraire et, partant, multipliable à l'infini, la Libre Pensée, s'unifiant de plus en plus sur toutes les questions essentielles et même secondaires, se prépare à assumer la succession intellectuelle et morale du christianisme que ne maintiennent plus que l'inintelligence de beaucoup, la fourberie de certains et le manque de courage intellectuel de tous ceux qui s'en proclament les adhérents.

Prochainement, Monsieur le Pasteur, j'aurai l'honneur de vous soumettre les autres objections que je crois devoir formuler à votre si intéressante lettre. En attendant, je vous présente mes salutations les meilleures.

Genève, le 9 juillet 1916.

O. K.

III

Monsieur le Pasteur,

Dans votre lettre si substantielle du 30 juin vous avez ainsi poursuivi votre argumentation:

« Si j'ai bien compris votre point de vue, vous « rendez Dieu et les chrétiens responsables de la « guerre actuelle. »

Permettez-moi, Monsieur, de vous dire d'emblée que vous n'avez pas bien compris mon point de vue. Je n'ai pas rendu Dieu responsable de la guerre actuelle, et je ne pouvais pas le faire, pour la simple raison que je ne crois pas en son existence. Mais ce dont je suis persuadé et ce que j'ai affirmé, c'est que *si* Dieu existait il serait « l'auteur, direct ou indirect, mais toujours responsable, de la guerre ». Je me suis même servi de cette constatation pour nier l'existence de Dieu. J'ai affirmé en outre, et je crois l'avoir prouvé dans une autre conférence[1]), que la croyance en le Dieu chrétien est pour beaucoup dans la catastrophe mondiale.

Vous continuez: « Je conteste absolument que « Dieu ait voulu la guerre actuelle. »

Que vous êtes heureux, Monsieur le Pasteur! Alors que l'apôtre Paul s'est cru obligé de convenir « que les jugements de Dieu sont impénétrables et que ses voies sont incompréhensibles » (Rom. XI, 33), vous êtes convaincu « d'avoir connu la pensée du Seigneur ». (Ibid. 34.)

[1]) « L'Epée de l'Eternel est pleine de sang ». Lausanne, 1914.

Entendant votre contestation si absolue, on vous spère en possession d'une révélation directe, ou du moins d'un texte indiscutable. Il n'en est rien. Vous recommencez, en le modifiant quelque peu, votre argument de la liberté: « Dieu a établi, dites- « vous, des lois morales comme des lois du monde « physique qui impliquent nettement la responsa- « bilité de l'homme. »

J'avoue ne pas très bien voir quelles lois du monde physique impliquent la responsabilité humaine? Qu'est-ce que la loi de Mariotte, celle d'Avogrado, ou celle de Mendel ont à faire avec la responsabilité de l'homme? Ou penseriez-vous, Monsieur, à la contagion par le gonocoque de Neisser ou le tréponème de Schaudinn? On peut en introduire dans son corps, quoique ce cas soit rare, en buvant de l'eau en un verre mal nettoyé, et en tomber aussi gravement malade — soi et sa progéniture — comme si on avait contracté les maladies en question au milieu de l'orgie la plus immonde. Il y a plus, le bacille « virgule » de Koch, le bacille de Yersin, les « corpuscules » de Negri, provoquent le choléra, la peste et la rage sans se soucier le moins du monde de la valeur morale de l'individu atteint, tout au plus le microbe de Yersin est-il moins dangereux pour les malades carnivores que pour les végétariens. Faudrait-il en conclure à l'infériorité morale du végétarisme?

Mais laissons là les lois du monde physique sous le règne desquelles périssent annuellement des millions d'êtres par les maladies et par les catastrophes naturelles: tremblements de terre, inondations, tornados. Pour établir l'existence de lois morales « qui impliquent nettement la responsabilité de l'homme » vous dites: « Il n'y aurait ni responsabilité, ni moralité, ni dignité humaine possible, si Dieu intervenait à chaque instant dans la vie des hommes pour les empêcher de faire le mal [1].»

Cet argument ressemble beaucoup à la fameuse étymologie de Lycomède: *lucus a non lucendo.* Pour prouver que Dieu a créé une loi morale, vous affirmez qu'il agit de manière à ne pas la faire croire obligatoire. « Il n'intervient pas à chaque instant », dites-vous. D'accord. — Je dirai même qu'il n'intervient pas du tout puisqu'il n'existe pas. — Mais comment conciliez-*vous,* Monsieur, votre théorie de la non-intervention divine avec les textes évangéliques dans lesquels c'est le contraire qui se trouve être affirmé? J'en rappelle pour mémoire: « Il ne tombera pas un seul passereau à terre sans la permission de votre Père. Les cheveux même de votre tête sont tous comptés » (Matth. X, 29, 30); et cet autre: « Je suis avec vous tous les jours jusqu'à la fin du monde » (Matth. XXVIII, 20). Et surtout, Monsieur, — une fois de plus — que faites-vous du « sacrifice de Jésus-Christ » et de la grâce? Le « prédestiné » est-il encore libre de faire le mal, et le « réprouvé » peut-il faire le bien?

Tout comme si tous ces dogmes n'avaient aucune importance pour vous, vous écrivez: « Si « l'homme fait un mauvais usage de sa liberté, il « faut que l'homme moissonne ce qu'il a semé. » — Et vous continuez: « Si d'autres souffrent avec « lui, cela constitue une partie de la souffrance du « coupable et concourt à son éducation morale.

J'aimerais savoir comment et quand Néron, Richard III, Napoléon ou Troppmann ont souffert

[1]) La question du fond de cet argument a déjà été traitée par nous dans notre première lettre.

de la souffrance de leurs victimes et en quoi celle-ci a contribué à rendre meilleurs ces meurtriers?

Vous semblez vous-même, Monsieur, ne pas être très convaincu de la valeur de votre argument, car vous le faites suivre de la restriction suivante:

« La souffrance éducatrice me semble pourtant un « pis-aller. Je ne la crois pas voulue de Dieu, mais « conséquence du mauvais usage que l'homme a « fait de sa liberté. Mais il fallait que l'homme « eût à choisir entre le bien et le mal pour être « plus que l'animal. Il y a une solidarité (que vous « distinguez de l'entr'aide[1]) inévitable dans les « actions des hommes depuis que le mal est ici-bas.»

Le pis-aller dont vous parlez, Monsieur, Dieu ne pouvait-il pas ne pas le faire figurer parmi ses « lois morales »? Etait-il également nécessaire pour que l'homme puisse « être plus que l'animal »? — Dieu, me répondrez-vous peut-être avec Leibniz, avec Charles Secrétan et avec d'autres philosophes, a créé le meilleur de tous les mondes *possibles*. — Admettons-le. Mais pourquoi, je vous l'ai déjà demandé, en a-t-il créé un? Il n'avait qu'à laisser le monde dans le néant. C'était le moyen le plus sûr pour que « le mal ne soit pas ici-bas ». Et cette sage abstention lui aurait évité de fréquentes colères, de cuisants regrets et même le sacrifice de son « fils unique ».

Vous datez, Monsieur, l'origine des malheurs humains de la chute d'Adam et d'Eve. Mais qui donc les a créés trop faibles en face de la tentation, sinon votre Dieu? Et qui a créé le diable tentateur, sinon votre Dieu?

[1]) Ne feriez-vous pas, par hasard, cette distinction, Monsieur ?

J'ignore, Monsieur, si votre orthodoxie vous permet de traiter le récit de la chute de fable absurde, plagiée par les Juifs des écrits babyloniens? J'en doute; mais s'il en était ainsi, que feriez-vous de la doctrine du « second Adam » et de l'influence de sa mort sur le « péché originel »? C'est pourtant là le sens du christianisme historique. S'il n'en était pas ainsi, quelle pourrait être — même à vos yeux — la supériorité de la doctrine chrétienne sur les enseignements d'un Zénon ou d'un Epictète?

Après avoir essayé, Monsieur, de dégager la responsabilité divine à propos du mal en général et de cette guerre en particulier, vous passez à une tentative apologétique de la même nature à propos des chrétiens.

Malheureusement cette argumentation est trop longue pour que je puisse la reproduire et y répondre dans ma lettre d'aujourd'hui. En revanche, la vôtre contient trois épithèses dont deux, très brèves, sont en connexion logique assez intime avec les questions discutées ci-dessus, et je demande la permission d'y répondre dans cette lettre-ci.

1° « Les hautes exigences que vous émettez « quant à la personne de Dieu, de ce qu'elle doit « être, prouvent à la fois notre origine divine et « l'existence même de Dieu. »

Qu'est-ce que mes appréciations morales ont à faire avec l'existence de Dieu? Depuis quand, Monsieur, peut-on conclure du pensable au réel? Les centaures existent-ils parce qu'on s'est imaginé leur existence, mieux, parce qu'on en a fait des peintures et des sculptures? Ou les divinités hindoues aux mille bras? Ou les déesses d'Egypte à la tête de crocodile et d'hippopotame?

Vous répétez, Monsieur, la vieille erreur « réaliste » des scolastiques, vous reproduisez l'argumentation cent fois réfutée, depuis Gaunilon de Marmoutiers jusqu'à Kant, de la « preuve ontologique » de saint Anselme de Cantorbury, et même vous avez enlevé à cette preuve le semblant de valeur que lui donne l'introduction de la notion de la perfection absolue.

Regardez-y de près, et vous verrez que votre argument, Monsieur, n'est qu'un cercle vicieux: vous partez de la nature morale de la divinité pour prouver que la divinité existe, et vous ne vous apercevez pas qu'il vous faudrait démontrer préalablement ce qui vous sert à faire votre démonstration.

2° « Il me semble, dites-vous, qu'en présence du « christianisme l'attitude de l'agnostique est plus « scientifique que celle du sceptique. »

Quelle différence faites-vous, Monsieur, entre le scepticisme et l'agnosticisme? — Le premier proclame que toute connaissance est douteuse, et le second affirme que l'absolu est inconnaissable; il est une forme plus limitée du scepticisme général. Votre thèse semble donc se réduire à une simple logomachie.

Mais je suppose, Monsieur, qu'il vous est arrivé un simple *lapsus calami* et que vous avez voulu écrire: « Il me semble qu'en présence du christia-« nisme l'attitude de l'agnostique est plus scientifi-« que que celle de l'athée. »

Si, de plus, je remplace le terme de « christianisme » par celui de « hypothèse métaphysique » votre point de vue serait même fort soutenable. On peut, en effet, parfaitement affirmer qu'une spéculation *pure* n'est pas du domaine de la science et qu'elle échappe ainsi à la démonstration.

Mais le christianisme, Monsieur, n'est pas une pure spéculation, il est une religion *révélée* et *historique*. Nous avons donc le droit et le devoir d'examiner et cette révélation et cette histoire. Et si nous trouvons que cette révélation n'a aucun titre historique, et que cette histoire ne démontre en rien la valeur de cette prétendue révélation, alors il est parfaitement « scientifique » de sortir de l'agnosticisme et d'opposer à vos prétentions une négation motivée et qui, dans l'espèce, sera formelle et complète.

De quel droit d'ailleurs demandez-vous, Monsieur, que le christianisme jouisse d'un traitement de faveur lorsque la critique s'en occupe? Accepteriez-vous qu'un musulman vienne affirmer: « En « présence de l'islamisme l'attitude de l'agnostique « est plus scientifique que celle de l'athée. » — On peut varier cet argument à l'infini en faisant parler un adorateur d'Osiris, de Jupiter, de Brahma, d'Huitslipotsli, de Manitou. Vous admettrez parfaitement que l'Olympe, la trimourti et le panthéon mexicain sont des erreurs ou des impostures. Vous sortez bien alors de l'agnosticisme « scientifique ». J'agis de même quant à votre conception religieuse. De quel droit vous en plaindriez-vous?

Non, Monsieur, il faut que vous fassiez votre choix: Ou bien le christianisme est une religion de la même nature que les autres — alors il est soumis aux mêmes critiques. Ou bien il est une pure métaphysique — alors renoncez à la Bible, aux sacrements, à l'Eglise, aux professions de foi, aux missions, et abîmez-vous dans la spéculation abstraite, sans jamais attribuer aucun qualificatif sensoriel à la notion de l'être absolu...

Ma lettre d'aujourd'hui se tient, hélas, beaucoup trop dans les sphères de la spéculation abstraite. J'en demande pardon, moins à vous, Monsieur le Pasteur, qu'à d'autres qui peut-être la liront. Mais je vous promets de redescendre, la semaine prochaine, vers des choses plus concrètes. En attendant, je vous prie d'agréer mes meilleures salutations.

Genève, le 16 juillet 1916.

O. K.

IV

Monsieur le Pasteur,

J'arrive enfin aux derniers arguments de votre intéressante lettre du 30 juin:

« Quant à la responsabilité des chrétiens (dans « cette guerre) il faudrait en finir avec la fiction « des pays chrétiens. Il y a de nombreuses per« sonnes qui ont subi l'influence du christianisme « plus ou moins; les chrétiens authentiques ont été « et seront probablement toujours une infime mino« rité, et cela parce que les hommes ne veulent pas « accepter les conditions proposées pour devenir « chrétiens. Cette minorité infime n'avait aucun « moyen pour empêcher la guerre. »

Savez-vous, Monsieur, que vous venez de proclamer la faillite du christianisme? Comment? Dieu envoie son fils unique, lequel — selon vous — accumule les miracles, meurt sur la croix, ressuscite au bout de trois jours et monte au ciel devant des témoins nombreux; le christianisme est prêché au monde pendant des siècles; il est la religion dominante en Europe depuis plus de mille ans — et il n'y a toujours eu « qu'une infime minorité de chrétiens authentiques ». — Vous allez même plus loin: vous prévoyez que leur nombre restera aussi dans l'avenir des plus restreint, les hommes ne voulant pas accepter les conditions proposées.

Nous voilà donc en présence d'un Dieu instituant des conditions inacceptables pour l'immense majorité de ses créatures. Et quelles sont ces conditions? — Je les ai déjà citées dans une lettre précédente: « Celui qui vient à moi, dit Jésus, et ne hait pas son père, sa mère, sa femme, ses enfants, ses frères, ses sœurs, plus encore sa propre vie, il ne peut être mon disciple. » (Luc XIV, 26.)

Mais enfin, certains remplissent ces conditions requises et il y a des « chrétiens authentiques ». Vous le dites du moins, Monsieur, et vous affirmez qu'ils n'avaient aucun moyen d'empêcher la guerre.

De *votre* point de vue, Monsieur, je nie absolument cette affirmation de l'impuissance des chrétiens authentiques. Jésus a dit: « Vous êtes le sel de la terre... vous êtes la lumière du monde.» (Matth. V, 13-14.) — Jésus a proclamé: « Je vous dis en vérité que si vous aviez la foi, et si vous ne doutiez point,... si vous disiez à cette montagne: ôte-toi de là et te jette dans la mer, cela se ferait.» (Matth. XXI, 21.)

Mais qu'ont donc essayé vos « chrétiens authentiques » pour empêcher la guerre? Ils n'ont, certes, pas fait de miracles. Mais ils ne se sont pas même placés devant la gueule des canons pour protester contre les massacres. Et pourtant Jésus avait dit: « Ne craignez point ceux qui ôtent la vie du corps». (Matth. X, 28.)... « Celui qui aura conservé sa vie, la perdra; mais celui qui aura perdu sa vie à cause de moi, la retrouvera. » (Matth. X, 39.)

Cette tournure de notre discussion me rappelle certain professeur de l'université de Tubingue. « Seul, disait-il, l'homme vraiment vertueux peut être heureux. Mais si vous demandez: l'homme vraiment vertueux est-il réellement heureux? je vous opposerai cette autre question: l'homme vraiment vertueux est-il vraiment vertueux? »

Vous riez, sans doute, Monsieur, de ce verbiage

du professeur souabe. Son argumentation ne diffère cependant pas de la vôtre. Vos « chrétiens authentiques » n'ont rien fait contre la guerre — parce qu'ils n'étaient pas authentiques. A moins que les promesses formelles de Jésus n'aient été qu'un bluff scandaleux.

Je reprends, Monsieur, la suite de votre exposé: « Le christianisme a opéré dans le monde de gran- « des réformes, mais il a à faire à trop forte partie « pour pouvoir l'emporter dans tous les domaines. » C'est probablement pour cela que les pays chrétiens sont les pays militarisés par excellence, alors que la Chine payenne — à laquelle vos coreligionnaires expédient force missionnaires — a su jusqu'il y a peu d'années se contenter de quelques bandes de mercenaires et n'a commencé à s'armer qu'au contact des Etats chrétiens.

Je sais, Monsieur, que vous niez le caractère chrétien des Etats européens. « L'Eglise chrétienne, « dites-vous, depuis qu'elle a accepté l'union avec « le pouvoir civil sous Constantin s'est éloignée de « l'Evangile; elle est devenue dominatrice, elle a « même imposé son pouvoir par les armes. Les « réformateurs n'ont pas compris le danger de cette « alliance pour l'Eglise, ils ont cru pouvoir insti- « tuer une théocratie, ne comprenant pas que si ce « genre d'autorité (pouvoir civil et religieux con- « fondu en un seul) pouvait se concevoir sous « l'Alliance Ancienne, dans le peuple israélite, il « ne convient absolument pas sous l'économie de « la Nouvelle Alliance. M. le pasteur et professeur « Ragaz, à Zurich, voit même dans la position « prise par Luther l'origine des prétentions et doc- « trines pangermanistes actuelles. Lorsqu'on vient « jusqu'à diviniser au fond l'Etat et le chef de

« l'Etat, et parler de *notre vieux Dieu allemand*, « on sort du christianisme pour revenir aux divi- « nités de la mythologie germanique. »

Vous avez parfaitement raison, Monsieur, de voir dans l'étatisation du christianisme une des raisons de la faillite de votre Eglise. Mais une question doit être posée: Pourquoi Dieu a-t-il permis cette déviation? Vous ramènerez sans doute l'argument de son respect pour la liberté humaine. Mais vous avouerez que si Dieu « n'intervient pas à chaque instant », il a manqué là une excellente occasion de montrer exceptionnellement ses intentions. Mais non seulement il n'empêcha pas la victoire de Constantin, il paraît même qu'il fit un miracle en sa faveur.

Peut-être me direz-vous que c'est là une imposture catholique et que le *labarum* de Constantin est aussi inventé de toutes pièces que sa *donation*. Toujours est-il que le Zebaoth des armées a décidé, ou permis, la défaite de Maxence auprès du pont Milvius. Et ce qui est plus grave, le Dieu de Jésus-Christ a permis que les réformateurs commissent des erreurs dont les conséquences ont été profondément néfastes au christianisme, puisqu'elles ont entraîné les guerres de religion, celle de Trente-Ans et, selon votre propre avis, en ce qui concerne Luther et l'Allemagne, la monstrueuse guerre actuelle.

Cette constatation n'avait pas, Monsieur, échappé à votre clairvoyance, et elle vous a aussi permis de découvrir l'intention de Dieu en laissant les réformateurs se fourvoyer dans une impasse au bout de laquelle gisent aujourd'hui les cadavres mutilés de millions d'hommes. « Il est bon, dites- « vous, que les faits démontrent l'inutilité pour la

« vie morale d'une adhésion toute extérieure au « christianisme. » Pauvre Luther! pauvre Calvin! pauvre Zwingle! vous voilà bien arrangés. — Consolez-vous, cependant: vous n'êtes pas seuls à être excommuniés. — « Il est bon que les illusions « tombent aussi quant aux progrès en douceur de « l'humanité par la civilisation seule. »

Alors, ce n'est pas seulement l'Eglise d'Etat qui a causé la catastrophe actuelle, c'est encore la civilisation. — Quelle civilisation? — Nécessairement celle que les « chrétiens authentiques » n'ont pas été à même d'améliorer suffisamment, attendu que Dieu n'a pas voulu les y aider.

Et alors, Monsieur, triomphalement vous proclamez: « C'est la civilisation qui a fait faillite et « non le christianisme! »

Permettez-moi, Monsieur, de vous féliciter, avant tout, de l'antithèse que vous venez d'établir: christianisme contre civilisation. Depuis trop longtemps certains de vos collègues ont voulu faire croire qu'il y avait cohésion, que dis-je, identité entre la civilisation et le christianisme. Vous avez le courage d'en prononcer radicalement le divorce.

Mais là s'arrêtent mes félicitations. Votre argument, au contraire, demande une réprobation complète. Vous criez au voleur! C'est par trop commode pour vous défendre. Vous renversez les responsabilités. Comme flèche du Parthe, vous lancez cette accusation: « Si c'est à ce que nous voyons « (actuellement) que l'évolutionnisme devait fatalement aboutir, il n'y a pas de quoi enthousiasmer « personne pour ce système. »

Une question de définition d'abord: Qu'est-ce que l'évolutionnisme? — C'est la doctrine de l'évolution ou du transformisme statuant que la nature se modifie, passant généralement d'une forme moins différenciée vers une forme plus différenciée, et d'une structure moins intégrée vers une structure plus intégrée. Qu'est-ce que ce « système » a à faire avec la guerre ?

Ou voulez-vous dire que la morale basée sur le transformisme, donc une morale relativiste, a fait faillite? Votre « christianisme authentique » au bout de deux mille ans n'a, selon vous, trouvé encore l'occasion de se manifester à fond [1]). Vous le demandez cependant d'une doctrine, à peine plus ancienne que de soixante ans! Et qui donc, parmi les fauteurs de cette guerre, était « évolutionniste »? Le kaiser, grand prédicateur et fondateur de cathédrales? le tsar, chef de l'orthodoxie? François-Joseph, l'ultra-clérical? lord Kitchener, pilier d'Eglise? les « revanchards » français, partisans du *roy* et de la papauté? Il y a mieux. Les « évolutionnistes » allemands, partisans de la guerre actuelle, avaient toujours, au nom de la morale évolutionniste, préconisé la paix et l'alliance entre les peuples. Si vous m'objectez qu'un Ostwald a trahi la cause de la paix, je répondrai que probablement il ne l'avait prêchée que pour endormir des suspicions afin de mieux préparer la guerre. Il y a parfaitement réussi, tant la morale indépendante et le pacifisme sont liés l'un avec l'autre.

Quant à vous, Monsieur, vous seriez mal venu à

[1]) C'est peut-être la place de citer votre troisième et dernière épithèse: « Comparé au bouddhisme, prédicateur d'inertie et de non résistance, le christianisme qui pousse à l'action bonne se montre évidemment supérieur. » — Vous avez peut-être raison, mais il convient quand même d'admettre que les bouddhistes sont, en général, des gens fort tolérants et pacifiques. Cela a aussi une certaine valeur.

nous reprocher des renégats. Chaque mouvement a les siens. Mais le christianisme, lui, a d'autres choses à son passif, soit que les « chrétiens authentiques » aient laissé faire, soit qu'ils y aient participé. Faites défiler toutes les victimes des luttes religieuses, les sectes exterminées, les nations disparues dans les guerres pour des questions de dogmes! Apparaissez, ombres des paysans tués à l'instigation de Luther! ombres des anabaptistes noyés par Zwingle! ombres de Servet et des libertins genevois, exécutés par Calvin! Venez témoigner et dites si c'est par l'évolutionnisme que vous avez péri?

L'évolutionnisme ne vous enthousiasme pas, Monsieur. Libre à vous. Quant à nous, voyant que le perfectionnement de la raison a, malgré tout, amélioré le sort de l'humanité et que, même à travers les catastrophes les plus épouvantables, son drapeau est maintenu par des milliers et millions d'êtres qui ne désespèrent pas et qui s'efforcent de préparer une société plus *rationnelle*, tandis que vous allez pleurant que le nombre des « chrétiens authentiques sera probablement toujours une infime minorité », vous qui croyez avoir pour vous Dieu, son fils et ses légions d'anges — alors, nous nous détournons *et* de votre orgueil qui vous fait vous classer vous-même au nombre des quelques élus, *et* de votre pusillanimité (est-ce bien le mot?) qui juge le reste des hommes incapables de tout bien parce qu'ils ne croient pas à certaines absurdités.

Pour clore, je voudrais citer un mot de l'apôtre Paul: « Ne méprisez point les prophéties. Éprouvez toutes choses. Retenez ce qui est bon! » (I. Thess. V, 20, 21.)

Voilà bientôt vingt siècles que les « prophéties » du christianisme se sont montrées vaines. Ne serait-il pas temps, Monsieur, que vous éprouviez autre chose? Votre lettre, si franche, si intéressante et même si sympathique à certains égards, montre clairement que cet examen ne vous a pas encore beaucoup préoccupé. « Eprouvez donc toute chose!» Et lorsque vous en aurez retenu, en connaissance de cause, « ce qui est bon », je crois que nos conceptions se seront rapprochées de beaucoup.

Excusez la longueur de ma réponse: elle vous montre que je suis loin d'avoir considéré vos arguments comme étant sans importance, et veuillez agréer, Monsieur le Pasteur, mes salutations les meilleures.

Genève, le 23 juillet 1916.

Otto KARMIN.

Lettre ouverte
à Monsieur le Docteur Otto Karmin, à Genève

Monsieur,

Vous et l'administration de *La Libre Pensée internationale* avez jugé à propos de donner une publicité étendue (journal affiché à Lausanne, envoyé par la poste à de nombreuses personnes d'Essertines et environs) à un débat qui, dans ma pensée, devait rester entre nous. Si j'avais donné suite à ma première intention qui était, comme je vous l'ai écrit, de vous envoyer une lettre ouverte, j'aurais donné à celle-ci une autre teneur et aurais pesé tous mes termes avant de la mettre à la poste, tandis que je vous ai écrit d'un seul jet de plume, comme on écrit à un ami que l'on voudrait convaincre. Votre procédé n'est donc pas des plus correct.

Réponse ouverte
à Monsieur le pasteur Philippe Dulex, à Essertines-sur-Yverdon

Monsieur le Pasteur,

Vous avez bien voulu répondre aux quatre lettres ouvertes que j'ai eu l'honneur de vous adresser. D'accord avec la rédaction de la *Libre Pensée internationale,* je reproduis ci-contre cette réponse et, pour la plus grande commodité des lecteurs, je l'accompagnerai d'une critique juxtaposée.

Je suis étonné, Monsieur, que vous vous plaigniez de la publicité donnée à votre première lettre. Elle ne contenait rien de personnel; elle était un simple exposé d'idées. Il n'y avait pas de raison pour mettre votre lumière sous le boisseau. Vous auriez, dites-vous, pesé tous vos termes, si vous aviez su que votre lettre allait être publiée. C'est trop de modestie, Monsieur ! Lorsqu'on écrit à quelqu'un pour le convaincre, on fait toujours de son mieux et je ne peux admettre que vous ayiez failli à ce devoir de la propagande efficace comme de la civilité la plus élémentaire.

Vous avez, d'ailleurs, singulièrement changé d'appréciation au sujet de la publication de votre épître. Recevant ma première « lettre ouverte » vous m'écriviez: « J'aurais donné une teneur un

Je vous dirai tout de suite ce qui m'avait fait renoncer à vous écrire par l'intermédiaire de *La Libre Pensée internationale :* c'est que plusieurs des correspondants de ce journal, au lieu de combattre par la plume courtoisement les convictions qu'ils ne partagent pas, s'attaquent à la personne de ceux qui les professent. Je mentionne à titre d'exemple de ce genre, dans le numéro du 8 avril, l'article intitulé: Prosélytisme protestant, qui se termine par ces mots: « Vous n'êtes qu'une vieille baderne! » Cette apostrophe s'adresse à M. Squire, prédicateur et écrivain chrétien comme il en faudrait beaucoup. M. Squire ne s'est pas donné un nom anglais, comme M. G. B. le suppose, c'est le nom que l'Etat civil lui reconnaît. Mais passons à ce qui me concerne.

Voyant que vous tiriez parti d'un débat privé, entre nous pour faire de la réclame pour votre journal dont la situation financière n'est paraît-il pas brillante,

peu différente *(sic)* à ma lettre, si j'avais prévu que vous la feriez paraître dans la *Libre Pensée internationale.* Mais c'est un détail. » Et vous n'avez pas protesté d'un mot — comme cela eût été votre droit — contre la mise au jour de vos pages. De quoi vous plaignez-vous aujourd'hui ?

Si vous vous étiez donné la peine, Monsieur, de lire la manchette du journal que vous incriminez, vous y auriez vu que « les articles signés n'engagent que leurs auteurs ». Et même s'il n'en était pas ainsi, qu'avaient à faire avec *notre* discussion les appréciations de M. Gustave Brocher, ancien pasteur, au sujet de M. Squire. Ou bien on cherche à propager ce qu'on croit être la vérité, alors on se mêle même aux pécheurs et aux péagers, ou bien on s'enferme dans une tour d'ivoire, mais alors on tire les conséquences de cette attitude...

Je suis d'ailleurs surpris, Monsieur, que vous donniez aujourd'hui cette raison pour ne pas avoir écrit dans la *Libre Pensée internationale.* Dans votre lettre du 30 juin, vous disiez : « J'ai écrit quelques lignes pour compléter mon exposé improvisé pensant vous les envoyer ou prier la *Libre Pensée* de les insérer comme lettre ouverte, mais n'ayant pas le loisir de les compléter, j'ai dû y renoncer ». Quelle version est la bonne, Monsieur le Pasteur?

Oui, Monsieur, le journal qui vous déplaît si fort a quelques difficultés financières depuis la guerre. Œuvre de propagande désintéressée, dont tous les bénéfices sont consacrés à la diffusion des idées rationalistes et dont aucun collaborateur ne

et pour essayer d'ébranler les convictions chrétiennes des braves campagnards d'ici, j'aurais préféré ne pas répondre, sachant que le bon sens des gens d'Essertines et d'ailleurs suffirait amplement pour leur faire découvrir les erreurs de votre argumentation (j'en ai eu la preuve depuis).

Mais je vous avais promis de répondre brièvement et je dois tenir ma parole. Répondre est facile, mais répondre brièvement, c'était trop promettre, je l'avoue. Il est vrai que comparée aux quatre vôtres, ma réponse paraîtra courte et sera forcément incomplète puisque, pour ne pas allonger ces lignes et ce débat, je renonce dans ma duplique à reprendre tous vos points. Puissé-je du moins ne pas trop me répéter.

touche un sou pour son travail — ce journal se trouve quelque peu gêné du fait que la guerre diminue ses ressources et augmente ses frais. Mais conclure de là que la propagande que nous faisons à Esseitines soit destinée à alléger notre déficit, c'est peu connaître l'économie d'un périodique.

J'avais toujours, Monsieur, une opinion très haute du «bon sens des gens d'Esseitines». Elle devient infinie. Les questions que j'avais discutées avec vous sont parmi les plus ardues de toute la philosophie, de toute la théologie. Les esprits les plus illustres ont passé des décades pour en saisir la portée... vos honorables ouailles, rien qu'en se servant de leur « bon sens », se prononcent sur des problèmes devant lesquels des Pascal, des Kant, sont restés interdits. Qui dois-je féliciter davantage ? Vous, Monsieur, d'avoir une paroisse pareille, ou celle-ci d'avoir un pasteur comme vous ?

Pourquoi, Monsieur, puisque vous vous êtes engagé à être concis, avez-vous consacré tout un cinquième de votre réponse à des digressions qui n'ont rien à faire avec les problèmes discutés ? C'est vous d'ailleurs qui — sans en être sollicité le moins du monde — vous êtes imposé une « extrême concision ». Si j'avais su que celle-ci allait avoir pour résultat de vous faire passer sous silence la presque totalité de mes arguments, et en tout cas tous mes arguments essentiels, et ne vous laisser vous attaquer qu'à quelques points de détail, j'aurais hautement protesté contre votre manière de faire. Peu importe le nombre des pages ! L'essentiel c'est « d'éprouver toutes choses » afin de

Je dois pourtant redire encore qu'une démonstration irréfutable de la vérité du christianisme, fermant la bouche à toute objection, ne peut être présentée parce que la doctrine chrétienne ne peut, ni ne doit être imposée.

La Bible n'a jamais eu la prétention d'être une dissertation scientifique sur l'origine de notre terre et les lois de l'univers.

Elle nous apprend ce que Dieu a fait pour que l'homme puisse être heureux dans cette vie et dans une vie future et les risques qu'il encourt s'il refuse de se laisser sauver aux conditions que Dieu a posées.

Vous, et la plupart des athées, vous reprochez aux chrétiens d'adorer un Dieu qui a créé l'homme faillible et accessible à la souffrance. Vous auriez peut-être admis un dieu qui aurait créé l'homme-machine, faisant le bien automatiquement et

pouvoir retenir ce qui est bon. Mais comment y arriver si on ne tient aucun compte des objections qui vous ont été présentées. Si un de vos contradicteurs, Monsieur, agissait ainsi, seriez-vous sûr de ne pas éprouver le soupçon qu'il a voulu esquiver un débat dont l'issue lui paraissait douteuse ?

C'est là la seule question de principe que vous touchez — ou plutôt que vous ne touchez pas non plus, Monsieur. Vous vous bornez à répéter une affirmation contre laquelle j'ai eu l'honneur de vous présenter une série d'arguments d'ordre scripturaire et d'ordre logique.

Que signifie ce silence ? Même le « bon sens » a besoin de raisonnements pour arriver à une conclusion. J'ai montré que votre affirmation était une pétition de principe. Qu'y répondez-vous? Rien.

Je ne vous ai jamais prêté cette opinion, que d'ailleurs vous partageriez, Monsieur, avec un grand nombre de chrétiens éminents de toutes les époques.

C'est probablement pour cela qu'elle raconte l'histoire des canailleries d'Abraham, béni de l'Eternel, des fourberies de Jacob, béni de l'Eternel, des atrocités de David, béni de l'Eternel, etc., etc.

Vous déplacez la question. Il ne s'agit pas d'admettre *tel* Dieu ou de ne pas admettre *tel autre.* Il s'agit de démontrer l'existence de Dieu, et c'est à vous; Monsieur, qu'incombe l'*onus probandi,* la tâche de cette démonstration. Prouvez cette existence, et nous l'admettrons, que ce Dieu

n'ayant jamais à souffrir quoi qu'il fasse. Si c'est là votre idéal, ce n'est pas le nôtre et, l'homme n'étant pas tel que vous le souhaitez, il ne reste plus qu'à tout faire pour l'améliorer.

Vous essayez d'y parvenir avec vos méthodes et je n'ai jamais dit, bien que vous m'en accusiez, que vous soyez incapable de tout bien;

reste à savoir qui vous inspire le bien que vous pouvez faire, si ce n'est pas le milieu ambiant christianisé et pour une autre part une bonne hérédité.

Je ne relève qu'en passant ce que l'épithète de pusillanime (qui manque de cœur, qui a l'âme faible, timide, dictionnaire Larousse) me convient peu dans cette occasion, à moi qui ai affronté les risques d'un débat public à la Maison du Peuple,

nous plaise ou non. Mais vous voulez démontrer son existence par sa perfection morale et vous ne savez que répondre lorsqu'on vous montre que cette prétendue perfection morale ne peut exister si l'on accepte vos propres affirmations au sujet de la divinité.

Mais, Monsieur, d'après votre doctrine, non seulement moi — mais vous aussi — nous sommes radicalement incapables de tout bien, à moins d'avoir la grâce pour nous. Or, n'étant pas croyant, je ne puis avoir été touché par la grâce; et n'en ayant pas été touché, je suis incapable de tout bien. C'est du moins, là, l'opinion de Paul, d'Augustin, de Luther, de Calvin, de tout le protestantisme. En différeriez-vous, par hasard ?

Voilà une manière d'argumenter étonnement déterministe pour un partisan du libre arbitre. Inutile de vous dire que je l'accepte volontiers, mais comment se fait-il alors que Socrate, Zénon, Caton et quelques autres païens aient été des gens fort vertueux ? Lucrèce avait-elle profité d'un « milieu ambiant christianisé » et Régulus avait-il une « bonne hérédité » chrétienne ?

En revanche, Clovis était chrétien, et Louis XI, et Richard III, et Henri VIII, et Philippe II, et Charles XII, et Frédéric-Guillaume II — je ne cite que des princes célèbres; et j'en passe une infinité.

Je reconnais, Monsieur, d'avoir eu tort de parler de votre pusillanimité. Il est vrai que je l'ai fait à propos d'une de vos conceptions théoriques. Mais je vais faire amende honorable : Non, vous n'êtes pas pusillanime. Non, vous êtes coura-

le 13 avril, alors que je n'étais nullement préparé pour vous répondre.

L'accusation de faire preuve d'orgueil en me rangeant au nombre des chrétiens ne me semble pas mieux fondée. Le premier pas à faire pour devenir chrétien consiste à s'humilier, se reconnaissant coupable pour ensuite accepter la grâce divine faisant prédominer en soi la voix du cœur sur celle de la raison qui voudrait avoir la solution de tous les problèmes avant de rendre les armes. S'il y a une attitude orgueilleuse, c'est bien plutôt celle de ceux qui ne veulent pas d'un Dieu qui offre sa grâce et ne l'impose pas.

Puisque vous avez fait allusion à la prédestination, je me permets de vous rappeler que dans Romains VIII, 29, elle est conditionnée par la préconnaissance, ce qui lui ôte tout caractère fatal et décourageant.

geux. Après avoir fait, pendant des années, des études brillantes de théologie, vous avez osé affronter, sans préparation spéciale, un laïque — historien de profession — qui a parlé de questions théologiques d'ordre général et auxquelles ne s'est mêlé aucun problème d'érudition. Si vous étiez catholique, Monsieur, le pape n'aurait pas manqué d'épingler sur votre poitrine la plaque de commandeur de l'ordre *Pro virtute intrepida*...

Je dois, là encore, me rétracter. Non, ce n'est pas par orgueil que le chrétien fait taire sa raison. Il humilie l'intelligence que son Dieu lui a donnée pour pouvoir aspirer légitimement à la béatitude promise en Matthieu V, 3, 4. C'est vous qui l'affirmez de nouveau, sans même discuter les objections que je vous ai présentées à ce sujet. C'est là certainement encore une preuve de votre absence d'orgueil : vous ne voulez pas triompher d'un adversaire et vous préférez accumuler des charbons ardents sur sa tête.

Mais, Monsieur, ce passage est la meilleure preuve du caractère fatal et décourageant de la doctrine de la prédestination : « Ceux que Dieu a connus d'avance, il les a aussi prédestinés à être conformes à l'image de son Fils, afin que celui-ci soit le premier-né de plusieurs frères. Et ceux qu'il a prédestinés, il les a aussi appelés; et ceux qu'il a appelés, il les a aussi justifiés; et ceux qu'il a justifiés, il les a aussi glorifiés ». En effet, l'immense majorité des hommes, tous ceux qui ne sont pas parmi les « plusieurs frères » du Christ sont nécessairement damnés. D'ailleurs comment admettre en même temps *et*

Je n'ai pas fait de rapprochement entre les lois du monde physique et la responsabilité humaine, vous m'avez mal compris; j'ai affirmé qu'il y a des lois pour le monde moral comme il y en a pour le monde physique, j'aurais dû peut-être, pour plus de clarté, intervertir l'ordre des termes et dire: « de même qu'il y a des lois pour le monde physique il y a des lois morales, etc. »

Les textes que vous me citez (lettre III) assurant au croyant la sollicitude divine ne contredisent pas le fait évident que Dieu n'intervient pas, *à chaque instant,* dans la vie des hommes *pour les empêcher de faire le mal.*

Permettez-moi de vous faire remarquer ce que votre exégèse des passages évangéliques a de superficiel et de tendancieux, comme du reste celle de M. G. B. dans le numéro du 29 juillet de votre journal, page 6. Je vous sais trop instruits et intelligents, vous et M. G. B., pour croire que vous n'ayez aucune notion du langage paradoxal de Jésus et du sens allégorique de ses paraboles.

Vous savez aussi bien que moi que Jésus n'a été ni un paresseux (être artisan jusqu'à 30 ans et ensuite guérir des malades, ne serait-ce pas travailler?)

la préconnaissance divine qui juge des actes non encore accomplis, *et* la liberté de l'homme, base de tout votre système ?

Mais oui, Monsieur.

Je suis bien d'accord avec vous — je l'ai déjà dit — que Dieu n'intervient pas à chaque instant, puisqu'il n'intervient jamais. Mais les textes cités par moi prouvent péremptoirement que Jésus — si le récit biblique est authentique — a cru en l'intervention constante de la divinité. J'aurais pu encore vous fournir d'autres passages à ce sujet, par exemple, Matthieu V, 36; Luc XII, 7; Luc XXI, 18, etc., etc.

Tiens, tiens ! Jésus a fait du paradoxe ! C'est une drôle d'occupation pour le fils de Dieu. — Et à quoi, Monsieur, peut-on reconnaître ce qui est paradoxal de ce qui ne l'est pas? — Le salut des âmes dépend de leur foi, et Dieu leur présenterait des devinettes à propos de ce qu'il faut croire?!

Oui, Monsieur, je connais le passage de Marc VI, 3 (qui d'ailleurs est une curieuse variante de Matth. XIII, 55). Mais prouve-t-il que Jésus a travaillé réellement? Tous les textes que je vous

ni un ennemi de la famille, ni un provocateur de guerres, ni un partisan de la méthode des inquisiteurs

qui ont interprété et appliqué d'une manière odieuse le « contrains-les d'entrer! » de la parabole du souper, transformant la douce violence du serviteur compatissant à l'égard du malheureux qui ne peut croire, s'estimant trop indigne, que l'invitation au souper soit aussi pour lui, en tortures pour ramener dans le sein de l'Eglise romaine ceux qu'elle appelle des hérétiques.

Dans Matthieu XXIII, 37, Jésus déclare qu'il a tout fait pour attirer à lui les Juifs mais qu'ils ne se sont pas laissés persuader; la situation est tout autre dans la parabole du souper où il s'agit du salut des païens. A l'aide du seul bon sens, pourvu que l'on ait pas un parti pris de dénigrement à l'égard de l'Evangile et de la personne de Jésus, on peut comprendre sans peine que le Sauveur a voulu frapper fortement l'esprit de ses auditeurs par des expressions qui, prises au pied de la lettre, seraient en contradiction avec toute sa doctrine et toute sa vie.

La parole: « Si quelqu'un

ai cités le contredisent, particulièrement Luc VIII, 1—3. Quant à votre argument que la guérison *miraculeuse* de malades constitue un travail, je ne puis le considérer que comme une spirituelle boutade de votre part. S'il n'en était pas ainsi, excusez cette supposition, et relisez, Monsieur, Marc VII, 32—35 et Jean IX, 6—8.

Pourquoi ne discutez-vous pas mes arguments, Monsieur?

Peut-être avez-vous raison avec votre interprétation, et l'Eglise romaine commet-elle une erreur terrible. Mais n'aurait-il pas mieux valu que Jésus s'exprimât d'une manière moins équivoque, puisque même un saint Augustin a pu s'y tromper.

Pauvres réformateurs! Voilà que M. le pasteur Dulex vous atteint par dessus ma tête! Je n'ai jamais eu beaucoup de sympathie ni pour Luther, ni pour Calvin — mais vraiment, les voir accuser de « parti pris de dénigrement à l'égard de l'Evangile » pour n'avoir que rarement fait cette distinction — cela est trop, et ma conscience d'historien me force à porter témoignage en leur faveur au sujet de leur parfaite sincérité.

ne hait pas son père ou sa mère... il ne peut être mon disciple » signifie simplement que l'amour du disciple pour le Maître doit surpasser tellement dans son cœur les affections les plus légitimes que ces affections doivent paraître de la haine en comparaison.

La parole : « Je suis venu apporter dans ce monde non la paix mais l'épée, car je suis venu mettre la division entre l'homme et son père, la fille et la mère, la belle-fille et la belle-mère », prophétise seulement que le christianisme, pratiqué fidèlement, suscitera la contradiction de la part de ceux qui, par orgueil ou égoïsme, ou pour continuer à satisfaire leurs passions, refusent de laisser diriger leur vie par la volonté et les enseignements du Maître. Une conversion chrétienne est pour les indifférents une défection qui irrite, la vie nouvelle plus pure est un blâme tacite qui agace ceux qui ne veulent pas l'imiter.

Parfois celui qui a choisi de rester en dehors du christianisme le regrette un jour et s'en repent, lorsque la maladie ou le deuil lui a appris l'in-

Simplement!

Je vous félicite, Monsieur, de votre exégèse. Même le grand Bellarmin n'aurait pas osé présenter la haine comme une simple atténuation de l'amour et commettre ainsi le sophisme d'éliminer le terme moyen si essentiel qu'est l'indifférence. Avec cette manière d'interpréter, je m'engage à démontrer que le Léviathan était une chenille, le Béhémot un rossignol, le roi Oc, de Bazan, un nain, Marie-Madeleine une pucelle et Judas d'Iscarioth le plus brave garçon du monde.

Plus pur^? C'est ce qu'il faudrait prouver pour chaque cas. Certes, il y a des hommes qui gagnent à devenir chrétiens; mais il y en a au moins autant qui y perdent moralement. Voyez la majorité de ceux qui se convertissent dans les pays mahométans ou bouddhistes.

Je ne nie pas que la maladie et le deuil, en affaiblissant les forces corporelles et intellectuelles, ramènent certains au christianisme. Cela prouve-t-

suffisance des consolations humaines. Ce fut le cas d'Henri Heine, un athée notoire et de marque. Je souhaite à tous ceux qui liront ces lignes d'arriver à la foi chrétienne sans passer par la dure école qu'a dû traverser l'éminent poète pour pouvoir mourir en chrétien.

Que ceux qui ne veulent pas de la doctrine chrétienne se mettent au moins d'accord sur l'apparition ou la non apparition dans l'histoire de la personne de Jésus

(quand même un christianisme avec ses martyrs se conçoit difficilement sans Christ, car on ne voit pas bien l'intérêt qui aurait pu pousser les premiers chrétiens à mourir dans les supplices pour un être légendaire).

il quelque chose en sa faveur? — Non. C'est la conclusion opposée qui en découle très logiquement.

Quant à votre exemple, Monsieur, vous l'avez fort mal choisi. Henri Heine, juif très superficiellement converti au christianisme et athée notoire pendant la force de son âge et de son talent, a bien eu des velléités religieuses vers la fin de sa vie. Mais elles n'avaient nullement un caractère chrétien. Lui-même a énergiquement protesté contre le bruit qu'il se serait rapproché d'une Eglise quelconque[1]). Lisez d'ailleurs la fin de ses *Confessions* (1854); Heine y traite Dieu d'« Aristophane du ciel ». Lisez son avant-dernier billet à la Mouche (novembre 1855); il y menace Dieu de le dénoncer à la Société protectrice des animaux. Lisez sa dernière lettre (janvier 1856); il la signe: « Ancien athée prussien, maintenant adorateur des fleurs de lotus ». Les beaux sentiments chrétiens que voilà, Monsieur!

Oui, les libres penseurs ne sont pas d'accord entre eux, si Jésus est un personnage entièrement mythique ou si c'est un personnage d'arrière-plan ayant réellement vécu et autour duquel se sont accumulées les légendes les plus diverses. Que ce soit l'une ou l'autre solution qui prévale, le christianisme n'y gagnera rien: les faits sur lequel il veut baser ses prétentions resteront des impostures, quelle que soit l'hypothèse historique à laquelle on se ralliera finalement.

N'y a-t-il pas des gens qui sont morts pour prouver l'authenticité du livre de Mormon, et cela en plein XIXe siècle?

[1]) Cf. Gustav Karpeles, Biographische Einleitung zu Heines gesammelten Werken. Berlin 1887. Bd.I, p. LV.

Si Christ n'a pas existé, il est inutile et absurde d'écrire plusieurs volumes comme l'a fait le Dr Binet-Sanglé pour prouver que Jésus-Christ était fou.

Voilà mon dernier mot; cette polémique dans laquelle je me suis laissé entraîner par ma trop grande naïveté m'a déjà fait perdre trop de temps; nous pourrions continuer ce débat jusqu'à la mort de l'un de nous deux et sans grande utilité,

car ayant toujours quelque chose à répliquer, (ce n'est pas difficile de trouver toujours de nouveaux arguments)

et ne *voulant* pas vous laisser convaincre

(ce n'est pas par le raisonnement, du reste, qu'on arrive à la foi chrétienne),

vous continuerez probablement, tant que vos facultés vous le permettront, à vous livrer à votre sport favori

qui est d'écrire et de conférencer contre Dieu, que vous dites ne pas exister,

Mais le Dr Binet-Sanglet admet, lui, l'existence historique du Christ. Il considère les Evangiles comme une source très sérieuse. S'il en conclut que tout ce qui y est dit de Jésus le peint comme un aliéné (par exemple ses paradoxes violents) est-il juste, Monsieur, de reprocher cette opinion à des gens qui nient l'existence même du Christ?

Vous avez, Monsieur, peu de confiance en la valeur de vos arguments.

Quelle « certitude » que celle contre laquelle on peut « toujours trouver de nouveaux arguments »!

Je vous défends, Monsieur, ce soupçon outrageant. Vous n'avez aucun droit de suspecter ma bonne foi.

Mais alors pourquoi m'avez-vous écrit votre première lettre « comme à un ami que l'on voudrait convaincre »? Avez-vous, le 30 juin, cru en la force des raisonnements pro-chrétiens et n'y croyez-vous plus le 4 août?

Vous parlez de sport. Est-ce parce que *mon* activité de propagandiste n'est pas rétribuée?

Vos missionnaires prêchent bien contre des divinités païennes qu'ils disent ne pas exister.

et contre le christianisme qui ne s'en porte ni mieux ni plus mal,

et si vous parvenez à gagner quelqu'un à l'athéisme, c'est que ce quelqu'un aura des raisons personnelles pour souhaiter qu'il n'y ait après cette vie ni tribunal, ni juge, ni rétribution finale.

Recevez, Monsieur, mes bonnes salutations.

Essertines-sur-Yverdon, ce 4 août 1916.

Ph. DULEX, pasteur.

Pourquoi alors mettez-vous tant de fiel dans votre réponse?

Avez-vous *vraiment* déjà *vu* des gens qui ont nié Dieu parce qu'ils en avaient peur? Je connais cet argument, employé surtout par les apologistes catholiques; mais je n'ai pas encore réussi à découvrir un seul spécimen de « l'athée par croyance ». C'est plus fort encore que le « guillotiné par persuasion ».

L'insuffisance de votre polémique désarme. Et moi, qui comptais faire suivre ces notes d'une attaque à fond, je m'arrête devant ce qui serait le massacre d'un innocent.

Recevez, Monsieur le Pasteur, l'assurance de mes meilleurs sentiments.

Genève, le 6 août 1916.

Otto KARMIN.

Carrara, prof. :

o estantisme et Libre Pensée . . . Fr. 0.40

g. Forel :

Morale sexuelle . . . » 1.25

rôle de l'hypocrisie, de la bêtise et de l'ignorance dans la morale contemporaine . . . » 0.40

é et Mort . . . » 0.40

Union libre . . . » 0.15

ensée, liberté et socialisme. But de la Libre Pensée . . . » 0.40

Morale en soi . . . » 0.40

Etats-Unis de la Terre . . . » 0.60

sez détruit, rebâtissons . . . » 0.60

alentin Grandjean :

Aux jeunes hommes, aux jeunes filles. Ce qu'ils doivent apprendre sur la vie sexuelle . . . » 1.—

Gutmann :

Croyants et libres penseurs . . . » 0.40

Gustava Heymann :

rcissements sur la vie sexuelle . . . » 0.40

Karmin :

on rester chrétien ? . . . » 0.30

blème du bien . . . » 0.30

el Servet et Voltaire . . . » 0.30

ré ntions du catholicisme con-n . . . » 0.30

é l'Éternel est pleine de sang . . . » 0.30

connaisse aujourd'hui que tu es . . . » 0.30

'Éternel ! . . . » 0.30

es toutes choses ! . . . » 0.40

s Lima, sénateur :

ugal libre penseur . . . » 0.40

Manzoni :

o Bruno . . . » 0.40

é :

Allemands ! . . . » 0.40

hile :

Les ogmes immoraux . . . » 1.—

Ri ner :

Hain et Justice . . . » 0.05

Dr Jean Wagner :

La Démocratie en danger . . . » 0.30

Anonyme :

Ces Messieurs (silhouettes édifiantes) . . . » 0.60

Ces Dames (histoire vraie) . . . » 0.60

En ente u Bureau d'éditions, rue Haldimand 18, Lausanne

A. Dürer.

www.ingramcontent.com/pod-product-compliance
Ingram Content Group UK Ltd.
Pitfield, Milton Keynes, MK11 3LW, UK
UKHW021059200726
13857UKWH00003B/1012